Der Feuerteufel

Andrea Winkler

Mit Illustrationen von Bettina Weyland

AF203677

Hase und Igel®

Für Konrad, Martha und Bene

Für Lehrkräfte gibt es zu diesem Buch
ausführliches Begleitmaterial beim Hase und Igel Verlag.

Originalausgabe
© 2010 Hase und Igel Verlag GmbH, München
www.hase-und-igel.de
Lektorat: Karin Bawidamann
Druck: CPI – Ebner & Spiegel, Ulm

ISBN: 978-3-86760-114-6
3. Auflage 2022

Inhalt

1. Kapitel:

Der zauberliche Brandschrank

Lena schaukelte in ihrer Hängematte und sah aus dem Fenster. Es regnete. Es regnete bereits seit drei Tagen. Morgens, mittags, abends. „Regenferien", stöhnte sie. Dann ging sie ins Wohnzimmer zu ihrem Bruder Willi. „Was machst du gerade?"

„Nichts", antwortete Willi.

„Nichts? Das geht nicht", sagte Lena. „Man macht immer irgendetwas."

„Na gut", meinte Willi. „Dann mache ich eben was."

„Was machst du denn?", fragte Lena noch einmal.

„Ich denke nach."

„Worüber denkst du denn nach?", bohrte Lena nach.

„Über nichts", brummte Willi.

Lena setzte sich neben Willi aufs Sofa. Und dann dachte sie auch über nichts nach. Eine ganze Weile. Aber das war sehr langweilig.

„Ich habe eine Idee!", rief sie plötzlich. „Wir gehen zu Madame Brickabrack."

Willis Augen blitzten auf. „Gute Idee! Viel besser als nichts tun!"

Madame Brickabrack kam aus Frankreich und hatte einen Trödelladen. Eigentlich war dieser Laden ein Lädchen, denn er war der kleinste der Stadt. Madame Brickabrack hätte eigentlich Madame Brickabrackchen heißen müssen, denn sie war die kleinste Frau der Stadt. Klein und merkwürdig und uralt.

„Glaubst du auch, dass Madame Brickabrack verrückt ist?", fragte Lena. „Viele Leute in der Stadt glauben das."

„Ich weiß nicht", entgegnete Willi. „Sie hat manchmal sehr verrückte Ideen. Aber wenn sie verrückt ist, dann ist sie nett-verrückt."

Da musste Lena ihrem Bruder ausnahmsweise zustimmen.

Die Kinder machten sich sofort auf den Weg und standen kurze Zeit später in Madame Brickabracks Trödelladen.

„Gut, dass isch eusch sehe." Madame Brickabrack kroch hinter einem Schrank hervor. Ihr Gesicht, ihre Haare, ihr Kleid und ihre Schuhe waren voller Spinnweben.

„Madame Brickabrack, was machen Sie denn da?", rief Lena und musste lachen.

„Isch mache etwas Zauberlisches", antwortete Madame Brickabrack. Sie schaute die Kinder geheimnisvoll an.

„Können wir auch etwas Zauberlisches machen?", fragte Willi interessiert.

„Natürlisch! Das sollt ihr sogar", kicherte Madame Brickabrack. Sie deutete auf den Schrank, hinter dem sie hervorgekrochen war. „Wisst ihr, was dies für eine Möbel ist?"

„Ein Schrank", grinste Lena. „Sehr zauberlisch!"

„Nun ja, dies ist keine gewöhnlische Schrank", erklärte Madame Brickabrack. „Dies ist eine alte Brandschrank. Früher die Leute packten in eine Brandschrank ihre wertvollsten Dinge. Bei eine Feuer man konnte die Brandschrank schnell aus dem Haus tragen. Denn eigentlisch besteht diese Schrank aus zwei Truhen, die übereinandergestellt sind."

„Darum sind wohl auch die Griffe an der Seite", stellte Willi fest. Er rückte seine Brille zurecht, um noch schärfer sehen zu können.

Madame Brickabrack holte eine klitzekleine schwarze Kerze hervor. „'eute ist eine besondere Tag!", sagte sie feierlich. „Diese Schrank 'at Geburtstag."

Lena und Willi sahen sich an. Kein Wunder, dass die Leute in der Stadt dachten, Madame Brickabrack sei verrückt.

„Diese Schrank wird gleisch achtundachtzig Jahre, acht Monate, acht Tage, acht Stunden, acht Minuten und acht Sekunden alt." Sie sah auf ihre Uhr. „Genau in zehn Minuten." Sie zündete die klitzekleine schwarze Kerze an. „Diese Kerze brennt nur zehn Minuten lang. Wenn sie erlischt, passiert etwas Unglaublisches. Etwas

Zauberlisches. So steht es jedenfalls auf die Rückwand des Schrankes."

„Was steht da denn genau?", fragte Willi gespannt.

„Isch 'abe es aufgeschrieben", sagte Madame Bricka-brack und holte einen Zettel hervor. Sie las vor:

> *„Achtundachtzig Jahr – und noch fünf mal acht,*
> *sehet, was die Kerze macht!*
> *In den Schrank legt eusch bereit,*
> *so seht ihr die Vergangenheit.*

Wenn die Flamme dann erlischt,
sisch der Rauch mit Luft vermischt,
schließt die Augen und den Mund.
Zauberlisches spürt zur Stund."

„Ich verstehe kein Wort", sagte Lena.

„So seht ihr die Vergangenheit", wiederholte Willi. Er kratzte sich hinter dem Ohr. „Die Vergangenheit würde ich gerne mal sehen."

„Ja", flüsterte Madame Brickabrack geheimnisvoll. „Der Schrank kann eusch in die Vergangenheit bringen. Um genau zu sein: achtundachtzig Jahre, acht Monate, acht Tage, acht Stunden, acht Minuten und acht Sekunden zurück in die Vergangenheit."

Madame Brickabrack sah auf die kleine dünne Kerze. Zur Hälfte war sie schon abgebrannt. „Wollt ihr? Oder wollt ihr nischt? Ihr 'abt nischt viel Zeit."

Lena und Willi sahen sich an. Regenferien oder eine Reise in die Vergangenheit? Die Antwort war klar: Sie stiegen in den Schrank. Willi in die untere Hälfte, Lena in die obere.

„Wie kommen wir wieder zurück?", fiel Willi plötzlich ein.

„Das steht auf die Rückwand", antwortete Madame Brickabrack. „Sobald ihr den Brandschrank wieder seht, müsst ihr unverzüglisch die 'eimreise antreten." Dann schloss sie die Türen.

Es wurde stockdunkel im Schrank. Willi schaute von innen durch einen kleinen Spalt. Er sah die Kerze. Nur noch ein kleiner Stummel brannte. Allmählich färbte sich die Flamme gelb, dann grün, dann lila, dann blau. Dann erlosch sie. Rauch stieg auf. Die Kinder hörten ein schrilles Pfeifen. Sie hielten sich die Ohren zu, kniffen die Augen zusammen und pressten die Lippen aufeinander ...

2. Kapitel:
Die Ankunft

„Wo sind wir?" Lena schaute sich um.

Es war totenstill. Lena und Willi standen auf einem schmalen, steinigen Weg. Rechts und links davon lagen Felder, auf denen in ordentlichen Reihen Pflanzen wuchsen. Hinter ihnen zeichneten sich die Umrisse eines kleinen Waldes ab und direkt vor ihnen ragten die mächtigen Flügel einer Windmühle empor.

Sie waren allein.

„Wo sind wir, um Himmels Willen?", fragte Lena noch einmal. „Und wo ist der Schrank?"

„Ich hab keine Ahnung. Aber offensichtlich hat die Zeitreise tatsächlich geklappt", staunte Willi. „Madame Brickabrack hatte recht. Und sie ist nicht verrückt."

Lena schaute Willi an und musste plötzlich lauthals lachen. „Was ist denn mit dir passiert? Wie siehst du denn aus?"

Willi, der sonst nur Jeans und T-Shirts trug, stand in einem bunt karierten Hemd vor ihr, das in einer braunen Cordhose steckte. Man sah seine dünnen, weißen Beine, denn die Hose reichte nur bis zu den Knien.

„Wo ist deine Jeans? Und die Hose da hast du wohl zu heiß gewaschen." Lena zeigte auf Willis nackte Beine und prustete wieder los. Sie griff in ihre Tasche und suchte nach ihrem Handy. Den Anblick wollte sie für die Ewigkeit festhalten. „Sag mal: saure Käsesahnesoße!", rief sie. Aber statt ihres Handys holte sie ein ordentlich gefaltetes Tuch hervor, ein Taschentuch.

„Ich habe gelesen, dass es die Jeanshose erst seit dem Zweiten Weltkrieg in Deutschland gibt. Sie wurde zwar von Levi Strauss bereits im Jahr 1873 …" Eigentlich hatte Willi seinen Vortrag noch nicht beendet, aber als er Lena ansah, musste er plötzlich auch lachen. „Guck dich mal an!"

Lena stand in einem dunkelblauen Kleid mit einer strahlend weißen Schürze da. Ihre blonde Löwenmähne war zu zwei strengen Zöpfen geflochten. Ein graues Kopftuch hielt die Zöpfe zurück.

„Oma Lenchen, wie schön", spottete Willi.

Lena fand den Spruch ziemlich gemein. Sie griff nach Willis Hosenträgern, zog kräftig daran und ließ das Gummi zurückflutschen.

„Aua, bist du wahnsinnig? Das tut weh!", schrie Willi und packte Lenas Zöpfe.

Da hörten sie auf einmal Stimmen. Sie kamen aus dem kleinen Wäldchen. Willi und Lena erkannten zwei dunkle Gestalten, die mit schnellen Schritten direkt auf sie zukamen.

„Vielleicht sind das Außerirdische", vermutete Willi.

„Quatsch", sagte Lena. „Wir sind doch nicht in die Zukunft gereist."

„Und wenn wir den Spruch falsch verstanden haben?"

Lena wurde es langsam zu bunt. „Dann wirst du gleich von einem Laserstrahl getroffen, zerfällst in eine rote, glibberige Masse und wirst von den Außerirdischen als Lippenstift benutzt."

Willi zuckte zusammen.

Die fremden Gestalten blieben kurz stehen. Sie hatten Lena und Willi entdeckt und tuschelten miteinander. Dann kamen sie näher.

„Das sind Kinder, stinknormale Kinder", sagte Lena. An ihrer Stimme hörte man, dass sie erleichtert war.

„Stinknormal sehen die aber nicht aus", bemerkte Willi.

Die beiden waren in Lenas und Willis Alter. Ein Junge und ein Mädchen. Der Junge trug wie Willi eine kurze Hose. Seine Beine, seine Arme und sein Gesicht waren so braun gebrannt, als käme er gerade von einem Strandurlaub zurück. Das Mädchen war ein bisschen kleiner als Lena und hatte zwei Zöpfe, die bis an ihre Hüften reichten.

„Hi!", rief Lena. Sie wollte besonders cool sein.

„Wie, Hai?", fragte der braun gebrannte Junge und starrte Lena verwirrt an.

Das kleine Mädchen lächelte schüchtern. „Seid ihr die Neuen?"

„Ich heiße Karl", fiel der Junge ihr ins Wort. „Das ist meine Schwester Martha. Und wie heißt ihr?"

Lena und Willi schauten sich kurz an und dachten dasselbe: Sie konnten den Kindern unmöglich erzählen, dass sie gerade eine Zeitreise gemacht hatten und eigentlich noch gar nicht auf der Welt waren. Die würden sie garantiert für verrückt erklären.

„Wir, wir sind … äh …", stammelte Willi und schaute Hilfe suchend zu seiner Schwester.

„Wir wissen schon, wer ihr seid. Ihr seid die Kinder von Tante Agathe. Wir haben bereits auf euch gewartet.

Ihr sollt auf unserem Hof bei der Ernte helfen", meldete sich mit leiser Stimme Martha zu Wort.

„Ich heiße Lena und das ist Willi, mein Bruder", erwiderte Lena freundlich. „Er dachte, ihr seid Außerir…"

„Ihr habt auf uns gewartet?", unterbrach Willi seine vorlaute Schwester, bevor es peinlich wurde.

„Ja", antwortete Martha. „Ihr schlaft bei uns auf dem Hof, gleich neben dem Kuhstall. Da sollt ihr bis zum Herbst wohnen."

Na super. Warum nicht gleich *im* Kuhstall?, dachte Lena. Sie konnte sich nicht daran erinnern, wann sie das letzte Mal eine Kuh aus der Nähe gesehen hatte. Aber im Moment war sie froh, dass sie und Willi nichts weiter erklären mussten.

„Die sind ziemlich groß, die Kühe, oder?", fragte Willi unsicher.

„Na, so groß wie eine Kuh eben ist." Karl wurde ungeduldig. „Wir müssen uns beeilen, sonst kommen wir zu spät. Und dann gibt's Dresche! Los jetzt!", forderte er die anderen auf.

„Wo gehen wir denn hin?", erkundigte sich Lena neugierig.

„Da pinkelt doch das Warzenschwein vom Kirchturm!", rief Karl. „Wir gehen in die schrecklichste, grausamste, furchtbarste Kinderquälanstalt. Wir gehen …", er holte tief Luft und beendete den Satz mit einem Seufzer: „… in die Schule."

„In die Schule?", entfuhr es Lena. Immerhin hatten Willi und sie Ferien. Auf Unterricht konnten sie zurzeit wirklich gut verzichten. Doch schon wurden die beiden Geschwister von Karl und Martha eingehakt und mitgeschleppt.

Der Schulweg dauerte ziemlich lange. Sie marschierten an der mächtigen Windmühle vorbei und liefen über Felder und Wiesen. Sie sahen Kühe und Schafe, die auf den Weiden grasten, eine Katze, die gespannt vor einem Mauseloch lauerte, und zwei Rehe, die über ein Feld preschten.

„Da ist sie", brummte Karl schließlich. „Das ist unsere Schule." Er zeigte auf ein Fachwerkhäuschen.

„Das ist ja eine Zwergenschule, so klein wie die ist", stellte Willi erstaunt fest.

„Oder ein Hexenhäuschen", ergänzte Lena.

„Eher das Haus eines Ungeheuers", sagte Martha bedeutungsvoll.

Vor dem Haus spielten viele Kinder

Fangen. Als sie die kleine Gruppe sahen, blieben sie stehen und tuschelten, einige lachten.

„Wer ist denn die blasse Göre?", fragte ein blondes Mädchen mit Sommersprossen und zeigte verächtlich auf Lena.

Lena wollte gerade erwidern: „Besser blass als blöd!", als sich alle Kinder eilig in einer Zweierreihe aufstellten. Immer zwei Mädchen und zwei Jungen zusammen. Keiner sagte ein Wort. Martha und Karl zogen Lena und Willi in die Reihe.

„Was ist denn jetzt los?", fragte Lena verwirrt.

„Pst, da kommt Schulze, das ist unser Lehrer. Nehmt euch vor ihm in Acht. Er kann sehr wütend werden", flüsterte Martha.

Willi bekam eine Gänsehaut.

3. Kapitel:
Strenge Disziplin

Lehrer Schulze ging mit schweren Schritten an der Reihe vorbei. In der rechten Hand trug er eine Tasche, in der linken einen Eimer mit Wasser. Er stieg die kleine Treppe des Schulhauses hinauf. Im Gleichschritt marschierten die Kinder hinter ihm her.

Als sie den einzigen Raum des Häuschens betraten, setzten sich alle in Windeseile, aber vollkommen geräuschlos auf ihre Plätze, während sich Lehrer Schulze seine wuchtigen Stiefel abstreifte und in seine Pantoffeln schlüpfte.

Willi dachte an das Geschrei, das manchmal in seiner Klasse herrschte. So leise wie hier war es dort noch nicht einmal, wenn sie ein Diktat schrieben.

Die großen Kinder saßen hinten, die kleineren vorn. Und die allerkleinsten saßen in der ersten Reihe.

„Guten Morgen", sagte Herr Schulze und musterte seine Schüler eindringlich.

Die Kinder sprangen blitzschnell von ihren Stühlen auf. „Guten Morgen, Herr Schulze!", riefen alle gleichzeitig.

Dann schaute Lehrer Schulze Lena und Willi an, die an der Tür gewartet hatten. „Ihr seid bestimmt Magdalena und Wilhelm. Na endlich. Das sind eure Plätze." Er zeigte auf zwei freie Stühle.

„Verdammt", murmelte Lena. Sie sollte sich ausgerechnet neben das blonde Mädchen mit den Sommersprossen setzen. Zum Glück stand der Tisch direkt hinter Marthas.

Willi durfte neben Karl Platz nehmen. „Ich heiße nicht Wilhelm, sondern Willi", wisperte er.

Lehrer Schulze schüttete das Wasser aus dem mitgebrachten Eimer in eine weiße Schüssel, die auf einem Eisengestell stand. Darin wusch er sich immer die Hände, nachdem er etwas an die Tafel geschrieben hatte.

Eine Fliege, die vor seinem Gesicht herumschwirrte, versuchte er mit dem Handtuch zu vertreiben. Er fuchtelte wild umher, aber das kleine Insekt ließ sich nicht einschüchtern. Immer wieder versuchte es, auf seiner Nase zu landen. Feuerrot vor Zorn nahm er schließlich seinen Rohrstock und schlug nach der Fliege. Dabei

erwischte er mit voller Wucht den schwarzen Eisenofen, dass es nur so schepperte.

Jetzt verstanden Lena und Willi, was Martha mit dem Satz „Er kann sehr wütend werden" gemeint hatte.

Auf ein Zeichen, das bis auf Lena und Willi alle Kinder verstanden, begann nun die ganze Klasse zu singen:

„Im Märzen der Bauer die Rösslein einspannt.
Er setzt seine Felder und Wiesen instand.
Er pflüget den Boden, er egget und sät
und rührt seine Hände frühmorgens und spät.

Die Bäurin, die Mägde, sie dürfen nicht ruh'n.
Sie haben im Haus und im Garten zu tun.
Sie graben und rechen und singen ein Lied.
Sie freu'n sich, wenn alles schön grünet und blüht.

So geht unter Arbeit das Frühjahr vorbei.
Da erntet der Bauer das duftende Heu.
Er mäht das Getreide, dann drischt er es aus.
Im Winter, da gibt es manch fröhlichen Schmaus."

Dann begann die erste Schulstunde. Während die Jungen nach draußen zum Turnen durften, mussten die Mädchen zum Handarbeiten drinnen bleiben.

„Sport ist mein Lieblingsfach", schimpfte Lena. Am liebsten spielte sie Fußball. In ihrem Verein war sie in

der letzten Saison mit sechsundzwanzig Treffern Tor-
schützenkönigin geworden. Willi dagegen hasste Sport.
Wie gern hätte sie mit ihm getauscht.

Zum Handarbeiten war Frau Schulze gekommen,
Herrn Schulzes Schwester. Sie wollte den Mädchen das
Stricken zeigen.

„Noch ein Schulze-Lehrer, das halte ich nicht aus",
stöhnte Lena.

„Du wirst dich wundern. Frau Schulze ist die nettes-
te und lustigste Lehrerin der Welt", schwärmte Martha.
„Schade, dass wir bei ihr nur Handarbeiten lernen."

Frau Schulze verteilte Wollknäuel und Stricknadeln
an die Mädchen. Und alle begannen emsig zu stricken.

„Pass auf, dass du dich nicht mit
der Wolle einwickelst", kicherte das
Mädchen neben Lena, als sie sah,
wie ungeschickt Lena mit Wolle
und Nadeln hantierte. Luise,
so hieß sie, konnte sehr gut
stricken.

Lena versuchte es,
aber ihr fielen die Nadeln
immer wieder aus den Händen. Einmal stach sie sich
sogar in den Finger. Sie stupste Martha von hinten an.
„Ich hab noch nie in meinem Leben gestrickt."

Martha drehte sich verwundert um und wollte gerade
etwas erwidern, als Frau Schulze zu den beiden Mädchen

kam. Sie sah Lena freundlich an und sagte: „Ich konnte als Kind auch nicht so gut stricken. Da hat meine Lehrerin immer einen Spruch aufgesagt. Wie ging der noch gleich?" Sie grübelte einen Moment, dann fiel er ihr wieder ein:

„Ein Mädchen, das nicht stricken kann,
kriegt wohl niemals einen Mann."

Die Mädchen kicherten. Frau Schulze lächelte, nahm die Hände hoch und begann zu dirigieren. Die Mädchen wussten genau, was zu tun war. Sie wiederholten im gleichen Rhythmus:

„Ein Mädchen, das nicht stricken kann,
kriegt wohl niemals einen Mann."

„Ich will gar keinen Mann", sagte Lena trotzig. „Ich will lieber einen großen Hund."

„Das ist manchmal tatsächlich die bessere Wahl", schmunzelte Frau Schulze. Dann reimte sie:

„Ein Mädchen, das nicht stricken kann,
möchte manchmal *keinen* Mann.
Sie wünscht sich dann in mancher Stund
viel lieber einen großen Hund."

Jetzt musste auch Lena lachen und verlor dabei beinahe die ohnehin nur wenigen Maschen auf den Nadeln. Vielleicht war Handarbeiten doch besser als Turnen.

Frau Schulze hob gerade wieder ihre Arme zum Dirigieren, da waren laute, aufgeregte Stimmen von draußen zu hören. Auch in der Klasse wurde es sehr unruhig.

„Bleibt bitte sitzen, Mädchen", beruhigte sie Frau Schulze. Sie ging ans Fenster.

Plötzlich stürmten die Jungen in die Klasse. Von einer ordentlichen Zweierreihe war allerdings nichts zu sehen.

„Feuer! Feuer!", schrien sie durcheinander. „Der Freverthof brennt! Feuer! Feuer!"

„Da humpelt doch der Eber über die Brücke! Er hat es wieder getan!", rief Karl.

„Wer hat was getan?", fragte Willi verwirrt.

„Er hat wieder zugeschlagen", antwortete Martha so leise, dass man sie kaum hören konnte.

„Wer?" Lena platzte vor Neugier.

„Der Feuerteufel."

4. Kapitel:

Feuer auf dem Freverthof

„Der Unterricht ist für heute beendet. Geht schnell nach Hause!", verkündete Frau Schulze so ruhig wie möglich.

Das ließen sich die meisten Kinder nicht zweimal sagen. Sie stürmten aus der Schule und liefen in alle Richtungen davon.

„Macht einen großen Bogen um den Freverthof!", rief Frau Schulze noch hinter ihnen her. „Und geht nicht zur Schmiede!"

Lena, Martha, Karl und Willi drängten wie die anderen Kinder aus der Schule. Sie rannten und rannten und rannten. Erst unter den riesigen Flügeln der Windmühle blieben sie stehen.

„Was jetzt?", keuchte Willi.

„Da müssen wir hin!", entschied Karl.

„Wohin?" Willi schnappte noch immer nach Luft.

„Zum Feuer natürlich! Oder habt ihr etwas Besseres vor?" Karl sah die anderen drei an.

„Aber Frau Schulze hat doch gesagt, dass wir nach Hause gehen sollen", zögerte Martha. Sie nahm die Anweisungen der Lehrerin sehr ernst.

„Vielleicht können wir ja beim Löschen helfen", warf Lena ein. „Wo ist denn der Freverthof?" Sie schaute sich um. Die Rauchschwaden in der Ferne beantworteten ihre Frage.

„Folgt mir!", rief Karl entschlossen und lief los. Lena, Willi und nach kurzem Zögern auch Martha rannten hinter ihm her.

Je näher sie dem Freverthof kamen, desto deutlicher erkannten sie im Rauch die Umrisse der Gebäude. Dann erblickten sie das Feuer. Wilde Flammen züngelten aus dem Dach eines Stalls.

„Wollen wir wirklich noch näher rangehen?", fragte Martha unsicher. Aber die anderen drei liefen schon weiter. Martha folgte ihnen in sicherem Abstand.

Völlig außer Atem kamen die vier am Freverthof an.

„Das Feuer ist ja riesengroß!", entfuhr es Martha erschrocken.

Plötzlich hörten die Kinder ein Brüllen.

„Im Stall ist noch ein Tier!", rief Lena entsetzt.

Nun konnten sie das Brüllen noch lauter und klarer hören.

„Das ist ein Schaf", murmelte Karl.

„Hört doch genau hin", schluckte Martha. „Das sind mehrere Schafe. Ich höre mindestens zwei."

„Sie verbrennen!", schrie Lena erschüttert. „Die Schafe verbrennen! Wir müssen sie retten." Sie wollte losrennen, aber ihr Bruder hielt sie fest.

„Wir können sie nicht retten. Das ist viel zu gefährlich", versuchte Willi sie zu beruhigen, aber seine Stimme zitterte. „Ich habe gelesen, dass der Rauch in die Lunge eindringen und dort die Alveolen zerstören kann. Das führt zu einer Rauchvergiftung. Bei dreiundvierzig Prozent …"

„Alve… was?", unterbrach ihn Karl.

„Das hilft uns jetzt nicht weiter, Willi", jammerte Lena verzweifelt.

Inzwischen war die Feuerwehr mit einer Kutsche angerückt. Auf dem Anhänger stand ein großes verrostetes Fass mit einer Pumpe und einem schwarzen Schlauch.

„Um Himmels Willen", schluckte Willi, „damit kann man doch kein Feuer löschen."

Die Feuerwehr tat, was in ihrer Macht stand. Zwei Feuerwehrmänner standen auf dem Anhänger und pumpten. Ein dritter hielt den Schlauch auf das Feuer. Zwei weitere Helfer schleppten Wassereimer und gossen sie in das Inferno. Das Feuer drohte dennoch auf das Wohngebäude überzugreifen.

„Die Tiere sind immer noch im Stall!", japste Lena vor Aufregung. Dann riss sie sich aus Willis Armen. Sie stolperte und wäre beinahe hingefallen. Aber sie fing sich wieder und rannte los.

„Lena, bleib hier!", schrie Willi hinter ihr her.

Aber Lena preschte todesmutig dem Feuer entgegen. Der Rauch brannte ihr in den Augen. Ihre Wangen

glühten. Sie riss den heißen Eisenhebel der Stalltür hoch und sprang zur Seite. Im gleichen Moment stürmten sechs Schafe blökend und brüllend aus dem Stall. Willi, Karl und Martha trieben die Tiere in Richtung Wiese. Völlig erschöpft kam Lena hinzu. Sie pustete auf eine Brandblase an ihrer Hand.

„Bist du wahnsinnig?", entfuhr es Willi. Aber dann nahm er seine Schwester nicht ohne Stolz in den Arm.

„Puh, das hätte ich mich nie getraut", gab Martha kleinlaut zu.

„Alle Achtung", meinte auch Karl anerkennend. „Und das als Mädchen."

Plötzlich begann es zu regnen. Erst ein paar Tröpfchen, dann immer mehr. Bei all der Aufregung hatten die Kinder nicht bemerkt, wie sich ein heftiges Gewitter mit dunklen Regenwolken über ihnen zusammengebraut hatte. Ein gewaltiger Regenschauer stürzte herab. Die vier blickten sich erleichtert an. Noch nie hatten sie sich so sehr über Regen gefreut.

„Das ist die Rettung!", seufzte Lena.

Der Schafstall brannte zwar völlig ab, aber das Wohngebäude blieb unversehrt. Tiere und Menschen kamen nicht zu Schaden.

So schnell wie der Regenguss gekommen war, so schnell verschwand er auch wieder und die Sonne kam zum Vorschein.

Die vier Kinder machten sich auf den Nachhauseweg. Als sie die Mühle erneut erreichten, machten sie einen kurzen Halt. Sie setzten sich ins Gras und beobachteten drei schneeweiße Ziegen, die genüsslich an den frischen Halmen zupften.

„Sagt mal", Willi sah Karl und Martha ernst an, „was hatte das alles zu bedeuten? Wer ist der Feuerteufel? Und warum sollen wir nicht zur Schmiede gehen?"

„Das war heute nicht der erste Brand hier in der Gegend", erklärte Martha. „Vor einigen Wochen brannte der Stall vom Meierhof ab."

„Eine Kuh konnte leider nicht mehr gerettet werden", sagte Karl. „Sie ist verbrannt. Das hat noch tagelang gestunken."

„Wie furchtbar." Lena schüttelte sich.

„War es Brandstiftung?", fragte Willi interessiert.

Karl nickte. „Die Leute im Dorf vermuten, dass es der Schmied war."

„Und? War er es?", wollte Lena wissen.

„Er ist schon irgendwie merkwürdig", stellte Martha fest. „Und mit Feuer hat er auch den ganzen Tag zu tun."

Willi kratzte sich hinter seinem rechten Ohr. „Das muss man doch rausbekommen. Dagegen muss man doch etwas tun."

„Willi hat recht. Wir müssen etwas unternehmen!", stimmte Karl zu. „Und zwar bevor der nächste Hof abbrennt."

„Aber was sollen wir denn machen?", fragte Martha unsicher.

„Als Erstes müssen wir den Verdächtigen beobachten. Wenn der Schmied der Täter ist, werden wir ihn schon erwischen", meinte Willi voller Überzeugung.

Martha schluckte.

„Eigentlich brauchen wir auch noch einen geheimen Namen für uns, oder?", überlegte Lena.

„Was haltet ihr von WsdFSDC?", schlug Willi vor.

Martha schaute ihn entgeistert an. „Was bedeutet das denn bitte?"

„Das bedeutet: Wir-sind-der-Feuerteufel-Spezial-Detektiv-Club", präsentierte Willi den anderen stolz seine Wortschöpfung.

„Den Namen kann sich ja kein Mensch merken", lachte Lena und schaute zur Mühle. Sie sah, wie die Flügel der Windmühle in ruhigem und gleichmäßigem Tempo die klare Luft durchschnitten. „Vier ...", raunte sie nachdenklich.

„Vier Flügel", griff Karl ihren Gedanken auf.

„Wir sind auch zu viert", sagte Martha.

„Ich hab's!" Lena sprang auf, streckte ihre Arme in die Luft und überkreuzte sie. „Wir sind ... die *Vier-Flügel-Bande*!", rief sie begeistert.

„Ja! Wir haben uns bei den vier Flügeln der Mühle zum ersten Mal getroffen", stimmte Martha zu.

„Das haut doch den Mehlwurm aus dem Sack", lachte Karl und schaute Lena anerkennend an. Dann sprang er auf und überkreuzte ebenfalls seine Arme zum Flügelzeichen.

Auch Willi und Martha stellten sich mit überkreuzten Armen dazu.

„Eine Mühle ist funktionsfähig und stark, solange sich alle vier Flügel gemeinsam drehen", sagte Willi. „Wir halten zusammen wie die Flügel der Windmühle."

„Vier-Flügel-Bande." Martha nickte stolz. „Der Name passt!"

5. Kapitel:

Keine Zeit
zum Spielen

„Wir haben euch schon seit Tagen hier erwartet. Ihr habt euch doch nicht verlaufen, oder? Du bist bestimmt Magdalena und du Wilhelm", begrüßte eine große, schlanke Frau die Kinder, als sie den Brinkmeierhof endlich erreicht hatten. Es war Frau Brinkmeier, die Mutter von Karl und Martha. „Schön, dass ihr endlich da seid."

„Sie heißen Lena und Willi", verbesserte Karl seine Mutter.

Auch Herr Brinkmeier hieß die Kinder auf seinem Hof willkommen.

Dann bekamen sie gleich etwas zu essen. Es gab Hühnersuppe mit Gemüse. Die Mutter reichte jedem einen Teller. Lena stocherte mit ihrem Löffel darin herum. Einiges von dem Gemüse hatte sie noch nie gegessen – Kohlrabi und Wirsing zum Beispiel. Sie hätte lieber eine Pizza zum Mittagessen gehabt. Aber sie wollte nicht unhöflich sein und aß ihre Suppe auf – außer den Hühnermagen, der darin schwamm. Den steckte sie unauffällig in ihre Schürzentasche. Willi löffelte in

Windeseile seinen Teller leer und aß gleich noch einen zweiten.

Nach dem Essen zeigte Martha Lena die Ställe.

„Cool. Ferien auf dem Bauernhof", schwärmte Lena. Zwischen so vielen Tieren würde es ihr bestimmt sehr gefallen.

Dann führte Martha Lena auch durch die Wohnräume.

„Hast du kein eigenes Zimmer?", erkundigte sich Lena erschrocken.

Martha sah sie verwundert an. „Wir sind doch nur zu zweit", erklärte sie. „Auf dem Nachbarhof gibt es sechs Kinder. Die schlafen auch alle in einem Zimmer."

Wie das funktionieren sollte, konnte Lena sich kaum vorstellen. Sie hatte zu Hause ein eigenes Zimmer, genauso wie Willi. Und sie fand sogar ihr Zimmer zu klein für die vielen Spielsachen.

„Wo sind denn deine Spielsachen?", wunderte sich Lena, als sie sich im Kinderzimmer umschaute. „Oder hast du keine?"

„Natürlich hab ich Spielsachen. Da liegen sie doch." Martha zeigte auf eine kleine Puppe mit langen braunen Zöpfen. Daneben lag ein Steckenpferd.

„Hast du nur *eine* Puppe?", fragte Lena erstaunt.

„Ja, und es ist die schönste Puppe der Welt", antwortete Martha stolz. „Ich könnte den ganzen Tag mit ihr spielen."

Zum Spielen hatten die beiden Mädchen an diesem Nachmittag aber keine Zeit. Sie sollten die Hühner und Enten füttern, die Eier aufsammeln, die Diele fegen, die Milchkannen auswaschen, die Betten ausklopfen und Butter stampfen.

Karl und Willi hatten auch einiges zu tun: Sie mussten Holz für den Ofen hacken und im Schuppen aufstapeln.

„Puh! Strenger Geruch." Willi hielt sich die Nase zu, als sie am Misthaufen vorbeikamen.

„Das ist doch nur Kuhkacke", grinste Karl. „Wenn du erkältest bist, brauchst du das nur zweimal einzuatmen und deine Nase ist wieder frei."

„Das glaub ich dir aufs Wort", näselte Willi. Er wollte schnell weitergehen. Doch plötzlich blieb er wie angewurzelt stehen. Zwei schwarze Augen blitzten ihn an. Vor ihm stand ein großer Hund. Er sah aus wie ein Wolf und fletschte die Zähne.

„Nicht bewegen, bleib ganz ruhig." Karl stand dicht hinter Willi.

„Tu doch was", flehte Willi. „Und sag jetzt bloß nicht, dass der nur spielen will."

„Der will sicher nicht spielen", entgegnete Karl ernst. „Das ist unser Wachhund Wolf und du bist ein Fremder für ihn."

„Dich kennt er doch." Willis Stimme zitterte. „Tu doch endlich was!"

Der Hund knurrte bedrohlich und kam noch einen Schritt auf Willi zu. Er duckte sich und seine Nackenhaare richteten sich auf.

„Er lässt sich auch von mir nicht streicheln. Er ist eben ein Wachhund", flüsterte Karl.

In dem Moment kam Lena um die Ecke. „Oh, wie süß! Du bist ja ein Lieber." Sie ging direkt auf den Wolfshund zu. „Guck mal. Ich habe ein Leckerli für dich", sagte sie, holte den Hühnermagen aus ihrer Schürzentasche und hielt ihn dem Hund, ohne zu zögern, vor die Zähne. Das Tier richtete sich auf und schnappte behutsam zu. „Na siehst du, dir schmeckt das." Sie streichelte ihn über das struppige Fell. „Wie heißt er denn?"

„Das ist Wolf. Vorsicht, er …" Es verschlug Karl die Sprache, als er sah, dass der Hund sich nun von Lena am Hals kraulen ließ.

„Der ist wirklich lieb", hauchte Lena.

„Nein", meldete sich Willi zu Wort. „Das ist eine Bestie. Der hätte mich beinahe zerfleischt."

Die Jungen ließen Lena mit Wolf allein und machten sich an ihre Arbeit. Für Willi war Holz hacken ungewohnt und schwer. Er war froh, als sie nach ein paar Stunden endlich fertig waren.

Nachdem auch die Mädchen ihre Aufgaben erledigt hatten, trafen sich die vier im Heuschuppen. Hier roch es gut und es war sehr gemütlich.

„Von Ferien auf dem Bauernhof kann wohl nicht die Rede sein", seufzte Lena. „Jetzt bräuchte ich Pommes mit Majo und meinen MP3-Player, dann wäre ich zufrieden." Sie ließ sich erschöpft ins Heu fallen.

„Ihr seid wirklich nett, aber irgendwie benehmt ihr euch manchmal ziemlich eigenartig", stellte Karl fest.

„Ja, und ihr redet oft von so komischen Dingen", fügte Martha hinzu.

Willi und Lena schauten sich an. Sollten sie Martha und Karl in ihr Abenteuer einweihen oder nicht? Da ihnen aber die Welt, in der sie durch die Zeitreise gelandet waren, fremd war und ihnen im Laufe des Tages so einige Dinge aus ihrem Alltag in der Zukunft herausgerutscht waren, erzählten sie den beiden ihre ganze Geschichte. Sie berichteten von Madame Brickabrack, dem Brandschrank und von der Zeitreise. Sie erklärten, was Pommes und was Majo ist. Sie redeten über Handys, MP3-Player und Fern-sehen. Sie beschrieben, was ein Düsenjet ist, und erklärten, dass das größte Gebäude der Erde mehr als achthundert Meter hoch ist.

Die Kinder übertrafen sich gegenseitig bei der Beschreibung ihrer Welt.

Martha und Karl starrten sie dabei nur ungläubig und verwirrt an.

Schließlich merkten Lena und Willi, dass die beiden an ihrer Geschichte zweifelten, und beschlossen, das Thema in Zukunft nicht mehr anzusprechen. Sie machten sich allerdings auch ein wenig Sorgen darüber, wann sie wieder ihre Heimreise antreten könnten, und was passieren würde, wenn wirklich die erwarteten Verwandten von Martha und Karl auftauchten.

6. Kapitel:

Nachts beim Schmied

„Lena, schläfst du?", flüsterte Willi.

Er lag schon seit mindestens einer Stunde wach. Von nebenan hörte er das Scharren der Kühe. Ein Blitz erhellte für einen kurzen Moment das Zimmer. Dann ertönte ein lauter Donner.

„Lena, bist du wach?" Willis Stimme wurde ein bisschen energischer.

„Nein", stöhnte Lena schlaftrunken und drehte sich auf die andere Seite.

In dem Moment blitzte es wieder. Das Gewitter kam näher.

Leise wurde die schwere Kammertür aufgeschoben. „He, ihr Schlafmützen, aufwachen!" Karl und Martha standen mit nackten Füßen in der Tür. Jeder von ihnen hatte einen Kerzenleuchter mit einer brennenden Kerze in der Hand.

„Ist etwas passiert?", fragte Lena.

„Nein", antwortete Karl. „Martha und ich konnten nicht schlafen, da dachten wir, wir könnten wegen des Feuerteufels etwas unternehmen."

„Um diese Uhrzeit?", gähnte Lena.

„Warum nicht?", erwiderte Karl. „Wenn wir den Schmied überführen wollen, müssen wir uns seine Schmiede genauer ansehen. Das ist die Gelegenheit."

Als sich die vier aus dem Haus schlichen, schien sich das Gewitter verzogen zu haben. Nur von Weitem war noch Donnergrollen zu hören. Hinter den Wolken schaute hin und wieder der Vollmond hervor.

Nach einem langen Fußweg durch die Dunkelheit erreichten die Kinder das Dorf. Sie wurden von Wolf begleitet, der seit dem Nachmittag nicht mehr von Lenas Seite wich.

„Da ist die Schmiede", sagte Karl und zeigte auf einen Schuppen.

Sie versteckten sich hinter einem Pferdeanhänger, der gleich neben der Schmiede stand. Von hier aus konnten sie das Gebäude gut beobachten, ohne selbst gesehen zu werden.

Das große Tor der Schmiede war weit geöffnet. Von der Feuerstelle kam ein leises Knistern.

„Feuer!", flüsterte Martha ängstlich.

„Der Schmied arbeitet noch. Mitten in der Nacht", stellte Willi verwundert fest.

„Lasst uns verschwinden", sagte Martha. Ein kalter Schauer durchzuckte ihren Körper.

„Seht nur!", wisperte Karl und deutete in Richtung Feuer. Die Kinder sahen, wie ein langer Eisenstab aus dem Nichts in die Glut geschoben wurde. Die Funken sprühten meterhoch und für einen Augenblick erhellte sich der ganze Raum: Sie sahen einen großen, breiten Mann mit einer langen Lederschürze. Auch sein feuer-

rotes, mit Schweißperlen bedecktes Gesicht konnten sie erkennen. Seine rechte Wange war durch eine Brandwunde vernarbt.

Dann beruhigte sich die Glut und der Raum verdunkelte sich wieder. Die Kinder sahen nur noch den Schatten des Mannes.

„Der ist bestimmt über zwei Meter groß", staunte Willi. „Im Guinnessbuch der Rekorde habe ich gelesen, dass der größte Mensch der Welt …"

„Ein Riese", unterbrach ihn Lena beeindruckt.

Die Kinder starrten lange auf den Schatten.

„Er kommt auf uns zu", schluckte Martha.

Und tatsächlich – mit schweren Schritten stapfte der Schmied direkt auf die vier zu. Er zog sein rechtes Bein etwas nach.

Die Kinder und Wolf duckten sich tief unter den Pferdeanhänger.

„Er humpelt", flüsterte Willi.

„Wenn er uns entdeckt, laufen wir in verschiedene Richtungen davon", befahl Karl hastig. „Das ist unsere einzige Chance."

Aber der Hüne bemerkte die Kinder nicht. Er humpelte ganz nah an ihrem Versteck vorbei.

„Was macht er jetzt?", flüsterte Lena.

„Vielleicht will er das nächste Feuer legen", vermutete Willi.

Ehe sie weiterreden konnten, kam der Schmied schon zurück. Er trug einen großen Sack Kohlen auf seinem Rücken, stellte ihn neben der Feuerstelle ab und zog dann mit einer Eisenzange ein Hufeisen aus der Glut. Er prüfte es von allen Seiten und hielt es in einen Eimer mit Wasser, dass es nur so zischte. Er betrachtete es erneut und schmiss es in hohem Bogen in eine Zinkwanne.

Das schepperte so laut, dass Wolf kurz aufjaulte. Die Kinder hielten gespannt die Luft an. Hatte der Schmied etwas gehört?

Der verschwand jedoch wieder in der Dunkelheit der Schmiede.

„Puh, das war knapp", atmete Lena auf.

Martha saß kreidebleich neben ihr. „Um ein Haar hätten wir uns verraten", flüsterte sie. „Vielleicht hätte er uns dann verbrannt." Ihre Stimme zitterte.

„Quatsch mit Zuckerrübensirup", beruhigte sie Karl.

„Mir ist auch nicht mehr ganz wohl. Lasst uns verschwinden", sagte Willi.

Die vier Kinder krabbelten aus ihrem Versteck hervor. Da hörten sie plötzlich Schritte aus der Richtung des Dorfteiches.

„Da ist noch jemand. Versteckt euch!", befahl Karl.

Im Nu hockte die Vier-Flügel-Bande wieder unter dem Pferdeanhänger. Sie sahen eine dunkle Gestalt auf die Schmiede zugehen.

„Wer kommt denn jetzt?", fragte Lena verwirrt.

Die Gestalt schlich zielstrebig auf die Zinkwanne zu.

„Der Schmied ist es auf jeden Fall nicht", stellte Willi bestimmt fest.

„Kannst du ihn erkennen?", wollte Martha wissen.

„Nein, aber der Mann humpelt nicht und außerdem hätten wir den Schmied ja gesehen, wenn er seine Schmiede noch einmal verlassen hätte", erklärte Willi.

Der geheimnisvolle Unbekannte blieb an der Zinkwanne stehen. Er beugte sich über sie. Dann holte er ein Hufeisen heraus. Er steckte es in seine weite Manteltasche, sah sich noch einmal nach allen Richtungen um und schlich davon.

„Da bauen doch die Hühner einen Schneemann", sagte Karl. „Jetzt wird das Ganze kompliziert!"

7. Kapitel:
Schönschreiben

Lena tunkte die Spitze der Gänsefeder in das Tintenfässchen. *Schönschreiben* stand auf dem Stundenplan.
Obwohl sie von der letzten, sehr kurzen Nacht noch
müde war, war das eine ihrer leichtesten Übungen. Seit
sie schreiben konnte, liebte sie es, die Buchstaben und
Wörter ordentlich und sauber zu notieren. *Sehr ordentlich* hatte einmal unter ihrer Mathearbeit gestanden.
Darunter war dann allerdings *ausreichend* zu lesen gewesen. Ein eigenes Unterrichtsfach für Schönschreiben
war ganz in ihrem Sinne. Nur an die Gänsefeder musste sich Lena noch gewöhnen. Sie roch eigenartig und
Lena fand sie ein bisschen eklig. Um ihre Nachbarin
Luise zu kitzeln, war sie allerdings wunderbar geeignet.

Aber jetzt wollte Lena schönschreiben. In Sütterlin-
Schrift. So hieß die Schrift, die hier alle benutzten.
Für Lena sah sie aus wie eine Geheimschrift. Langsam
und vorsichtig führte sie die Feder vom Tintenfässchen
zum Heft. Auf gar keinen Fall durfte es tropfen. Ein
Tintenfleck auf dem Heft würde Herrn Schulze zur
Weißglut bringen.

Plötzlich krachte es. Herr Schulze hatte mit seinem Stock auf Lenas Tisch geschlagen, nur wenige Zentimeter von ihrer Hand entfernt. Der Tintentropfen platschte mitten auf das Blatt Papier. „Magdalena!", rief er.

Lena zuckte zusammen.

„Ist das die Richtige?" Herr Schulze sah sie fragend an und räusperte sich.

Lena verstand nicht, was er mit dieser Frage meinte.

„Alle aufstehen!", schrie er in die Klasse hinein.

Alle Kinder sprangen im Nu von ihren Stühlen auf und standen kerzengerade.

Willi war eine Sekunde zu spät, aber das sah Herr Schulze zum Glück nicht.

„Ist das die Richtige?", rief er noch einmal und zeigte mit seinem Stock auf Karl.

Karl stand so gerade, als hätte er einen Besen verschluckt. Er stotterte: „Die, die linke, äh, die linke Hand, äh …"

Da wurde er auch schon von Herrn Schulze unterbrochen. „Luise, erkläre es den anderen, bitte", sagte er jetzt in einem freundlicheren Ton, den man sonst von ihm nicht kannte.

Luise warf den Kopf stolz in den Nacken.

„Pass auf, dass es dir nicht in die Nasenlöcher regnet", flüsterte Lena.

Aber Luise ließ sich nicht beeindrucken. „Die linke Hand, die wird verbannt. Die rechte, die wird anerkannt", sprach sie laut und deutlich. Dabei grinste sie Lena gehässig an.

„Danke, mein Kind, sehr gut", lobte Herr Schulze und klopfte ihr auf die Schulter. Dann schrie er: „Alle!"

Und alle Kinder riefen im Chor:

„Die linke Hand, die wird verbannt.
Die rechte, die wird anerkannt."

Jetzt begriff Lena, was sie falsch gemacht hatte: Sie war Linkshänderin. „Aber ich schreibe immer …" Weiter kam sie nicht.

„Magdalena!" Herr Schulze schaute Lena durchdringend an. „Die linke Hand wird verbannt. Ein Mädchen in deinem Alter müsste das wissen. Geschrieben wird nur mit rechts." Dann ging er an die Garderobe und holte einen seiner Gummistiefel, mit denen er jeden Morgen zur Schule kam und die er dann gegen bequeme Hausschuhe austauschte. Er legte ihn flach auf Lenas Tisch. „Hand rein", sagte er mit Nachdruck. „Die linke Hand, die wird verbannt."

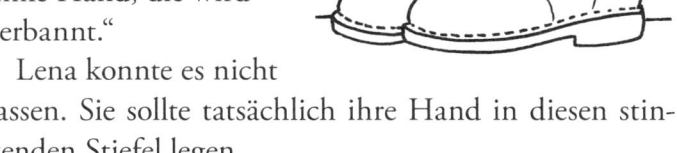

Lena konnte es nicht fassen. Sie sollte tatsächlich ihre Hand in diesen stinkenden Stiefel legen.

Luise grinste höhnisch.

Lena schaute kurz zu Martha hinüber. Deren Blick sagte eindeutig: „Bitte mach es!" Sie hatte recht. Es gab kein Entrinnen. Zum Glück hieß der Spruch nicht: Die linke Hand, die wird verbrannt. Lena führte ihre linke Hand langsam in den Stiefel. Nur nichts berühren, dachte sie. Aber schon war sie mit dem Daumen an die Innenwand des Stiefels gestoßen. Sie war weich und feucht. Igitt: Fußschweiß von Herrn Schulze! Lena würgte.

„Schreibe! Schreibe fünfzig Mal: Die linke Hand, die wird verbannt", knurrte Schulze.

Lena holte sich vorsichtig mit der Gänsefeder etwas Tinte aus dem Tintenfass. Diesmal mit der rechten

Hand. Sie bemühte sich sehr. Doch da platschte auch schon der zweite Tintentropfen auf das Papier.

„Du musst noch viel lernen, Magdalena", sagte Herr Schulze und ging wieder nach vorn an die Tafel.

„Warte ab, was *du* noch lernen musst, Schulze", flüsterte Lena. „Rache ist süß!"

„Endlich", stöhnte Willi, als die vier Freunde am Nachmittag wieder das Dorf erreichten. „Müsst ihr immer so weit laufen zum Einkaufen?" Er setzte sich erschöpft auf eine Mauer.

„Einkaufen kann man nur hier im Dorf", erklärte Martha und holte den Einkaufszettel aus der Schürzentasche, den ihre Mutter ihr mitgegeben hatte.

„Merkwürdig." Karl schaute sich um. „Hier ist ja niemand." Die enge Straße, die durch das Dorf führte, war menschenleer. Nicht einmal eine Katze schlich um die Häuser.

Martha zeigte zum Dorfteich. „Am Teich ist auch keiner", stellte sie erstaunt fest. Hier trafen sich die Kinder oft zum Schwimmen. Jetzt war niemand zu sehen.

Da streckte Wolf seine empfindliche Spürnase in die Luft. Er begann zu knurren und fletschte die Zähne.

„Irgendetwas stimmt hier nicht." Lena versuchte, Wolf zu beruhigen.

„Das ist ja wie in einer Geisterstadt", sagte Willi. Die Stille war ihm unheimlich.

Plötzlich hörten sie Schritte. Schnelle Schritte. Dann sahen sie Luise. Sie rannte keuchend an ihnen vorbei in Richtung Schmiede.

„Was ist hier los, Luise?", rief Martha hinter ihr her.

„Es ist schrecklich!", stieß Luise hervor, ohne sich umzudrehen. „Es ist schrecklich. In der Schmiede. Der Schmied. Überall ist …"

Das letzte Wort konnten die vier nicht mehr verstehen.

„Da pupst doch die Ameise auf dem Stoppelfeld. Los! Da müssen wir hin!", forderte Karl die anderen auf. Er streckte beide Arme in die Luft und zeigte das Flügelzeichen. Die anderen drei erwiderten das Zeichen und dann rannten sie gemeinsam zur Schmiede.

Als sie dort ankamen, sahen sie einen großen Menschenauflauf. Alle Dorfbewohner hatten sich vor dem Gebäude versammelt.

Lena und Karl drängelten sich durch die Menge. Martha und Willi folgten ihnen. Dann standen sie vor der weit geöffneten Schmiede. Die Türen, die Fenster, die Wände, der Boden – alles war rot. Keine Farbe. Nein – Blut! Jemand hatte das ganze Gebäude mit Blut beschmiert. Es stank schrecklich.

In großen, blutigen Buchstaben stand an der Tür geschrieben: *Warnung!* Und darunter: *Feuerteufel!*

Die Menschen tuschelten. Einige hatten Stöcke und Spaten dabei. Drohend fuchtelten sie damit durch die Luft.

Dann kam der Schmied hinter dem Schuppen hervor. Er schaute auf den Boden. An einem langen Zügel zog er einen braunen Kaltblüter hinter sich her. Ohne in die Menschenmasse zu blicken, band er das große Tier fest und begann, das Feuer in der Schmiede zu schüren. Es loderte auf und Funken spritzten.

Der Hengst schüttelte wild seine schwarze Mähne. Sein Fell war schweißnass. Die vielen Menschen und der Geruch des Blutes beunruhigten ihn. Er tänzelte nervös hin und her.

Die Dorfbewohner traten ängstlich einige Schritte zurück.

„Ruhig, Dicker. Bleib ruhig", sprach der Schmied auf das Pferd ein. Dann holte er mit einer Zange ein Hufeisen aus dem Feuer. Er nahm das linke Vorderbein des Pferdes hoch, legte das Eisen auf die Hufunterfläche und begann mit dem Beschlagen.

„Feuerteufel!", zischte einer der Zuschauer. Und noch einmal etwas deutlicher: „Feuerteufel!"

Die anderen Dorfbewohner stimmten sofort mit ein: „Feuerteufel! Feuerteufel! Feuerteufel!" Sie wurden immer lauter.

Der Kaltblüter blickte erschrocken um sich. Er zog seinen Fuß aus den Händen des Schmieds. Auf einmal riss das mächtige Tier seine schweren Vorderbeine in die Luft.

Lena, Martha, Willi und Karl sprangen fast gleichzeitig einen Schritt zurück.

Der Schmied fasste die Zügel und zog den Hengst vorsichtig nach unten. Er tätschelte ihm den Hals und sprach beruhigend auf ihn ein. Dann drehte er sich um und starrte wütend auf die grölende Menge. „Verschwindet! Habt ihr nicht schon genug angerichtet?" Er deutete auf die Schmierereien. „Ihr macht das Pferd noch ganz verrückt. Haut ab!"

Doch die Dorfbewohner hörten nicht auf ihn.

Plötzlich tauchte Karls und Marthas Vater an der Schmiede auf. Er stellte sich schützend vor den Schmied. „Los, Leute, verschwindet. Hier gibt's nichts mehr zu sehen. Lasst den Schmied in Ruhe. Er muss arbeiten. Das seht ihr doch. Verschwindet! Habt ihr nichts zu tun?"

Die Leute schauten sich über-
rascht und ratlos an. Einige
zuckten mit den Schultern und
allmählich verschwand einer
nach dem anderen: Der Bäcker
ging zurück in die Backstube.
Der Tischler ging in seinen
Tischlerschuppen. Der Schneider
in die Schneiderei. Der Schuster in die Schusterei. Der
Pfarrer in die Kirche. Der Händler in den Laden. Und
der Bürgermeister ging nach Hause. Auch Marthas und
Karls Vater verschwand, als er sah, dass die Dorfbewohner
den Schmied in Ruhe ließen.

Nur die Vier-Flügel-Bande blieb wie angewurzelt stehen. Die Kinder beobachteten, wie der Schmied den
Hengst streichelte und ihm seinen Hals klopfte. Sie
sahen, wie er sanft mit dem Tier sprach und behutsam
mit seiner Arbeit fortfuhr.

9. Kapitel:
Lenas Rache

Lehrer Schulze saß am Pult und rauchte genüsslich seine Pfeife.

„Puh", schnaubte Willi, „Rauchen im Unterricht. Ist das erlaubt?"

Karl zuckte mit den Achseln. „Ja", flüsterte er und rechnete weiter, ohne aufzuschauen.

Das Klassenzimmer war in eine große Dunstwolke eingehüllt.

Willi schaute zu seiner Schwester hinüber. Lena saß kerzengerade und mit roten Wangen an ihrem Tisch. Die linke Hand steckte in der Schürzentasche. Er sah ein Messer daraus hervorblitzen. Heute, am letzten Schultag vor den Ferien, wollte sie Rache nehmen.

„Das ist genug für heute", hustete Lehrer Schulze. „Packt eure Sachen zusammen. Jetzt wird aufgeräumt! Die Jungen bringen die Turngeräte in den Schuppen und die Mädchen fegen den Hof."

Alle gingen nach draußen – alle außer Lena. Sie blieb in der Tür stehen. „Herr Schulze, soll ich drinnen fegen? Martha könnte mir helfen", schlug sie vor.

„Da hast du ausnahmsweise eine gute Idee", grinste Lehrer Schulze. „Ja, aber beeilt euch! Und putzt auch die Tische und Stühle ab."

Lena schaute Martha an und nickte ihr zu.

Martha blieb während der Arbeit immer wieder am Fenster stehen und passte auf.

„Jetzt kannst du was erleben, Schulze", lachte Lena und zog das große Brotmesser aus ihrer Tasche. „Ich schnitze dir aus deinen ekligen Schweißstiefeln ein Sieb." Sie begann, in großer Eile den rechten Stiefel zu bearbeiten.

„Mach schnell, Lena!", flüsterte Martha. „Wenn wir erwischt werden, kann das böse enden."

„Verdammt", stöhnte Lena, „das ist schwieriger, als ich dachte." Mit ganzer Kraft bohrte sie ihr Messer in die Stiefelsohle. Aber nur klitzekleine Teile lösten sich aus dem Profil. „Ich krieg nur Kerben rein. Das Messer ist leider nicht scharf genug", keuchte sie angestrengt.

„Achtung, er kommt zurück!", rief Martha plötzlich.

Lena zuckte zusammen und räumte den Stiefel blitzschnell wieder an seinen Platz. Dabei fiel ihr das Messer aus der Hand. Dann ging die Tür auf.

„Seid ihr fertig?", fragte Lehrer Schulze ungeduldig. Er kontrollierte mit strengem Blick den Boden. Da blieben seine Augen an dem Messer haften. „Wie kommt das hierher? Wem gehört das?" Fragend schaute er zuerst Lena, dann Martha an.

„Mir!", ertönte es plötzlich hinter ihm. Karl stand in der Tür. „Mir gehört das Messer", sagte er noch einmal entschlossen.

„Hätte ich mir ja denken können, Karl. Messer sind in der Schule verboten, das weißt du. Dann willst du wohl mal wieder Schulzes Spezialbehandlung?" Er griff nach seinem Rohrstock.

Karl beugte sich ohne Kommentar über den Lehrerstuhl.

Willi tauchte in der Tür auf. „Das ist verboten!", schrie er entsetzt. „Kinder darf man nicht schlagen!"

„Soso, Wilhelm. Meinst du? Hier mache ich die Regeln", erwiderte Schulze und holte zum Schlag aus. Ein dumpfes Geräusch war zu hören, als der Rohrstock auf Karls Hinterteil traf. Insgesamt schlug Schulze zwölf Mal zu. Karl schrie bei jedem Schlag aus voller Kehle.

Lena sah verzweifelt zu Martha. Die grinste nur. Auch Willi unterdrückte mühsam ein Lachen. Hatten die beiden denn kein Mitleid?

Als endlich alles vorbei war, machten sich die vier schnell auf den Weg nach Hause. Immer noch grinsten Willi und Martha vor sich hin.

„Könnt ihr mir vielleicht mal verraten, warum ihr so gute Laune habt?", fragte Lena genervt.

Willi, Martha und Karl blieben stehen und zwinkerten sich zu. Da begann Karl zu reimen:

> „Schulze ist 'ne doofe Ratte,
> denn er schlägt auf eine Platte."

Dann öffnete er seine Hose. Lena drehte sich sofort in eine andere Richtung.

„Du kannst ruhig hingucken", lachte Martha. „Karl will dir was zeigen."

„Iiiih, hört auf damit!", schimpfte Lena. Aber etwas neugierig war sie doch. Ein kleines bisschen drehte sie sich wieder zurück. Da sah sie, wie Karl eine dünne, gewölbte Holzplatte aus seiner Hose zog.

„Ich lasse meinen zarten Hintern doch nicht von Schulze verprügeln. Der Kinderquäler hat die ganze Zeit auf Holz geschlagen. Ich habe kaum was gemerkt." Er hielt die Holzplatte hoch in die Luft und sprang damit voller Freude im Kreis herum.

„Schulze ist 'ne doofe Ratte,
denn er schlägt auf eine Platte."

Er sprang so oft hoch, dass ihm fast seine Hose herunterrutschte.

„Aber du hast doch so laut und jämmerlich geschrien", staunte Lena.

„Das gehörte doch alles zum Plan", klärte Willi seine Schwester auf. Sie war nicht die Einzige, die Schulze heute einen Streich gespielt hatte.

10. Kapitel:
Steinregen

„Wann sind wir endlich fertig, Vater?", jammerte Martha und ließ sich erschöpft auf den Ackerboden fallen.

Die gesamte Familie und auch Lena und Willi arbeiteten seit sechs Uhr morgens auf dem Kartoffelfeld. Jetzt war es bereits Mittag.

„Wie viele Säcke habt ihr denn schon geerntet?", wollte der Vater wissen.

„Zwei, vier, sechs, acht", zählte Karl.

„Acht!", rief Lena. „Acht volle Kartoffelsäcke. So viel kann doch kein Mensch essen."

„Eine vierköpfige Familie verbraucht in der Woche ungefähr sechs Kilogramm Kartoffeln. Das macht im Monat vierundzwanzig Kilogramm. Das macht im Jahr …", rechnete Willi.

„Schon gut, schon gut", unterbrach Lena ihren Bruder genervt.

„Ihr wart sehr fleißig", lobte die Mutter. „Für heute seid ihr entlassen."

„Endlich!", freute sich Karl. „Jetzt gehen wir schwimmen. Mir ist so warm."

Dann rannten sie los.

„In Unterhosen gehe ich nicht ins Wasser", sagte Willi entsetzt, als die vier am Dorfteich ankamen. „Das ist ja peinlich."

Fast alle Kinder der Umgebung hatten sich hier versammelt und planschten im Wasser.

„Willst du lieber nackt schwimmen?", grinste Martha.

„Alle schwimmen in Unterhosen", meinte Karl. „Das ist doch normal." Ruckzuck stand er in seiner schlabberigen Unterhose auf dem kleinen Steg und sprang ins Wasser.

Martha hüpfte hinterher.

Lena dachte kurz an ihren hübschen roten Bikini zu Hause. Dann stürzte auch sie sich in ihrer Unterwäsche ins Wasser.

Willi blieb mit Wolf am Rand sitzen. Etwas neidisch beobachtete er das Spielen, Spritzen und Jauchzen der anderen. Plötzlich sah er Luise. Sie kam mit ihren beiden Schwestern. Die zwei hatten, genau wie Luise, das Gesicht voller Sommersprossen. Mühsam schleppten sie einen schweren Korb mit Steinen. Die drei tuschelten. Irgendetwas hatten sie vor. Bestimmt etwas Gemeines, dachte Willi. Die drei Mädchen hockten sich hinter einen Busch und kicherten.

„Der Schmied kommt!", rief ein Kind.

Lena, Karl und Martha kamen schnell aus dem Teich und setzten sich neben Willi.

„Wo ist er?", fragte Karl unruhig.

Dann sahen sie den Schmied. Er humpelte die Dorfstraße entlang und führte ein pechschwarzes Pferd am Zügel.

Da flog wie aus dem Nichts ein Stein durch die Luft. Er landete zwischen den Hufen des Tieres. Das Pferd machte einen Satz nach vorn. Der Schmied konnte es kaum noch festhalten.

Die Vier-Flügel-Bande hörte, wie Luise und ihre Schwestern in ihrem Versteck laut lachten und miteinander tuschelten.

Da: Wieder flog ein Stein durch die Luft! Diesmal traf er den Schmied direkt an der Stirn. Die Kinder erkannten, dass er verletzt war und die Wunde blutete.

Jetzt flogen viele Steine. Ein richtiger Steinregen. Mit voller Wucht warfen die drei Schwestern nach dem

Schmied und trafen ihn an den Beinen, den Armen und am Rücken.

Der Schmied hielt sich einen Arm schützend vor das Gesicht. Er schaute auf den Boden und humpelte, so schnell er konnte, weiter. Erst als er außer Reichweite war, drehte er sich für einen kurzen Moment um.

„Das war gemein", flüsterte Lena. „Irgendwie tut er mir leid."

„Ja, aber vergiss nicht, was er getan hat", sagte Karl.

„Und wenn er gar nicht der Feuerteufel ist?", zweifelte Martha. „Denkt doch an den Fremden, der in der Nacht das Hufeisen aus der Wanne genommen hat."

„Vielleicht war das ja ein Komplize", meinte Willi.

„Das müssen wir herausfinden", bestimmte Karl und zog seine Hose über die nasse Unterhose.

„Ja, wir müssen zu den Tatorten, zum Freverthof und zum Meierhof", schlug Willi vor. „Vielleicht erfahren wir dort etwas über das Verbrechen. Zeugenbefragung ist das A und O der Verbrecherfahndung. Wir müssen auch nach Indizien suchen: Fingerabdrücke, Haarproben, DNA-Analyse ..."

„Haarproben? DNA-was?", fragte Martha verwirrt.

„Da kriegt doch der Zaunkönig eine Glatze. Was sollen wir denn mit Haaren?" Karl verstand ebenfalls kein Wort.

„Willi träumt von modernen Polizeimethoden. In achtzig Jahren kann man nämlich anhand eines einzigen Haares erkennen, wer der Mörder ist."

„Welcher Mörder?" Martha verstand jetzt gar nichts mehr.

„Na ja, oder wer der Feuerteufel ist", erklärte Willi.

„Aber jetzt nützen uns Haarproben leider gar nichts", stellte Karl entschlossen fest, dessen Zweifel an der Geschichte über die Zeitreise allmählich nachließen. „Wir müssen andere Spuren des Feuerteufels finden."

„Martha und ich gehen zum Freverthof", erklärte Lena.

„Und Willi und ich forschen auf dem Meierhof nach", sagte Karl.

Während die anderen Kinder des Dorfes weiter im Teich planschten, als wäre nichts geschehen, machte sich die Vier-Flügel-Bande an die Arbeit.

11. Kapitel:

Spurensuche

Martha und Lena erreichten den Freverthof. Wolf begleitete die beiden Mädchen. Der Stall war zwar total abgebrannt, aber das Feuer war durch den Regenschauer gelöscht worden. So hatte es nicht noch mehr Schaden anrichten können.

Herr Frevert stand auf einer Leiter und pflückte Äpfel. Vier Kinder sammelten das heruntergefallene Obst auf. Marie, die älteste Tochter, schob ihr Brüderchen im Kinderwagen über den Hof.

„Schön, dass ihr uns mal besuchen kommt!", rief Herr Frevert von oben. „Du bist doch Lena, nicht wahr? Du hast unsere sechs Schafe gerettet. Das war sehr mutig!"

Lena wurde rot. „Das war doch selbstverständlich", antwortete sie verlegen.

„Wir haben ein Geschenk für dich als kleines Dankeschön!", sagte Marie und winkte die beiden Mädchen zu sich. Sie ging mit ihnen in die Küche. Aus einer riesigen Holztruhe holte sie eine gefaltete Schürze hervor. „Die hat meine Mutter für dich genäht und bestickt."

„Danke", sagte Lena, obwohl sie nicht so recht wusste, was sie damit anfangen sollte.

„Kommt, ihr beiden. Jetzt zeige ich euch Lena."

„Wen?", fragte Lena verdutzt.

„Lena ist unser neugeborenes Lämmchen. Wir haben es nach dir benannt. Ohne dich wäre es nie geboren worden."

Marie schob den Kinderwagen über die Wiese. Lena und Martha folgten ihr.

„Wie süß!", rief Lena ganz entzückt, als sie die kleine schneeweiße Lena vor sich sah. Das Lämmchen ließ sich sogar streicheln.

„Marie, glaubst du auch, dass der Schmied bei euch das Feuer gelegt hat?", unterbrach Martha die Schafschmuserei.

Marie nickte. „Ganz bestimmt", sagte sie und wippte mit dem Kinderwagen. „Wer soll es denn sonst gewesen sein?"

„Warum bist du dir so sicher?", fragte Lena, ohne ihren Blick von dem kleinen Wollknäuel zu wenden.

„Wir haben etwas Merkwürdiges entdeckt: Zwei Tage vor dem Brand hing am Schafstall ein roter Stoff. Und daran befestigt baumelte ein Hufeisen. Niemand von uns hat es dort hingehängt."

„Bestimmt war es der Täter", vermutete Martha.

„Aber warum sollte der Schmied so etwas tun? Mit einem Hufeisen lenkt er den Verdacht sofort auf sich. Dann könnte er doch gleich einen Zettel hinlegen, auf dem steht: *Hallo Leute, der Feuerteufel bin übrigens ich, der Schmied*", überlegte Lena laut und dachte an die fremde Gestalt, die das Hufeisen aus der Schmiede gestohlen hatte.

„Keine Ahnung! Vielleicht ist er verrückt." Marie klopfte sich mit dem rechten Zeigefinger an die Stirn.

„Das ist alles sehr merkwürdig", murmelte Martha.

Da fing das Baby im Kinderwagen an zu schreien.

„Mein Bruder hat Hunger. Ich muss ihn zu meiner Mutter bringen", entschuldigte sich Marie. „Und dann muss ich den Hof fegen. Am Sonntag wird nämlich der kleine Schreihals hier getauft. Da soll alles schön sauber sein. Eigentlich hätte die Taufe schon gestern stattfinden sollen. Aber dann kam ja der Brand dazwischen."

Lena und Martha verabschiedeten sich.

Als die Mädchen wieder zu Hause ankamen, rief Karl ihnen schon von Weitem entgegen: „Wir haben Neuigkeiten!"

„Wir auch!", erwiderte Lena stolz.

Die Vier-Flügel-Bande traf sich im Heuschuppen.

„Ihr werdet nicht glauben, was an der Stalltür hing, bevor das Feuer gelegt wurde", begann Martha geheimnisvoll.

„Vielleicht so etwas hier?" Willi zog ein rotes Stück Stoff hinter seinem Rücken hervor. Daran baumelte ein Hufeisen.

„Woher …?", fragte Lena verblüfft.

„Das hing beim Meierhof am Scheunentor", erklärte Karl. „Zwei Tage vor dem Brand. Keiner weiß, wie es dahin gekommen ist."

„Der Feuerteufel kündigt seine Taten also immer zwei Tage vorher an", staunte Lena.

Karl schüttelte den Kopf. „Warum tut er das?"

„Auf dem Freverthof hat er mit dem Feuer die Taufe verschoben", erzählte Martha weiter.

„Auf dem Meierhof konnte deswegen die Hochzeit nicht wie geplant stattfinden", stellte Karl erstaunt fest.

Willi kratzte sich hinterm Ohr. „Merkwürdig. Auf beiden Höfen stand ein Fest bevor. Jedes Mal hat der Feuerteufel verhindert, dass das Fest zum geplanten Zeitpunkt stattfindet."

„Na, dann will ich lieber nicht wissen, wo das nächste große Fest gefeiert werden soll", sagte Lena.

Martha und Karl sahen sich erschrocken an.

„Das nächste Fest", Martha verschluckte sich fast an ihrer eigenen Spucke. „Das nächste Fest ist bei uns auf dem Hof. Das Erntefest!"

Willi stand auf und überkreuzte seine Arme. Lena stand ebenfalls auf. Auch sie zeigte das Flügelzeichen. Langsam und mit zittrigen Knien stellten sich Karl und Martha daneben und überkreuzten die Arme. So standen sie eine ganze Weile. Keiner sagte ein Wort.

Endlich unterbrach Willi die Stille: „Wir werden verhindern, dass euer Hof abbrennt."

Martha schluchzte leise.

12. Kapitel:

Im Heuschuppen

„Was hat die Polizei gesagt?", fragte Lena erwartungsvoll, als Karl und Willi den Heuschuppen betraten. Es war schon ziemlich spät und dämmerte bereits.

Karl trat mit voller Wucht gegen einen Eimer. „Nichts!"

„Nichts?", fragte Lena erstaunt.

„Sie haben gesagt, wir hätten eine blühende Fantasie", erklärte Karl. „Sie haben uns nicht geglaubt."

„Und der Stoff? Und das Hufeisen? Und die Taufe? Und die Hochzeit? Und das Erntefest? Und vor allem: der Fremde?" Lenas Stimme überschlug sich fast.

„Von der Polizei können wir keine Hilfe erwarten", stellte Willi fest. „Wir müssen den Feuerteufel ganz allein überwältigen, wenn wir eure Eltern nicht einweihen wollen." Er steckte sich einen kurzen, dicken Stock in den Mund, beugte sich zu einer Kerze, die die Mädchen angezündet hatten, und zog am Holz, als wäre es eine Zigarre.

„Du hast zu viel Fernsehen geguckt, Willi! Wie soll das funktionieren?", fragte Lena.

Martha gähnte und ließ sich ins Heu fallen.

„Verdammt, ich weiß einfach nicht weiter!" Wütend trat Karl noch einmal zu. Diesmal gegen einen Heuballen.

Wolf erschrak und sprang mit einem Satz zur Seite. Dabei stieß er gegen die Holzkiste, auf der die Kerze stand. Die Kerze fiel um. Im Nu entzündete sich das Heu.

„Feuer!", schrie Lena. „Feuer!"

Karl zog in Windeseile seine Jacke aus. Er stürzte sich damit auf die Flammen und erstickte das Feuer.

„Puh, das ist gerade noch einmal gut gegangen." Martha war wieder hellwach.

„Das Heu brennt wie Zunder", sagte Willi und zog noch einmal an seiner Holzzigarre. Dann kratzte er sich hinterm Ohr. „Wenn ich der Feuerteufel wäre, würde ich hier das Feuer legen."

„Ich finde, ein Feuerteufel genügt." Martha sah verärgert zu Karl.

„Aber Willi hat recht!", unterstützte Lena ihren Bruder. „Das nächste Verbrechen findet genau hier statt."

Die Kinder sahen sich um. Meterhoch war der Schuppen mit frischem Heu gefüllt. In tagelanger Arbeit hatte der Vater das Heu mühsam aufgetürmt. Es war die Winternahrung für die Kühe. Bei einem Brand würde es nur wenige Minuten dauern, dann wäre alles vernichtet.

„Ich muss nachdenken", sagte Karl. Er kletterte die lange Leiter hinauf. Sie reichte fast bis unter die Decke. Als er oben angekommen war, murmelte er noch einmal: „Ich muss nachdenken." Dann stieß er sich von der Leiter ab und sprang in hohem Bogen ins weiche Heu.

„Das sind mindestens vier Meter", staunte Willi.

„Im Fliegen kann ich auch besser nachdenken", grinste Lena. Sie kletterte die Leiter hoch und ließ sich fallen. „Juhu! Ich kann fliegen", lachte sie und zog sich nach ihrer sanften Landung einige Halme aus dem Mund.

„Im Guinnessbuch der Rekorde …", wollte Willi wieder einmal einen Vortrag beginnen.

„Ach komm, Willi, oder traust du dich nicht?" Karl stand schon wieder oben auf der Leiter. Jetzt sprang er rückwärts.

Willi und Martha zögerten noch einen Moment, aber dann wirbelten auch sie durch die Luft. Nach einigen Sprüngen fielen die vier Kinder erschöpft ins Heu.

„Ich habe Durst", meldete sich Willi zu Wort.

Karl stand auf. „Ich hole Apfelsaft aus dem Vorratskeller."

„Das dürfen wir nicht, Karl", erinnerte Martha ihren Bruder. „Mutter weiß genau, wie viele Flaschen wir haben. Apfelsaft gibt es nur zu besonderen Anlässen."

„Na, wenn das heute kein besonderer Anlass ist. Wir sind so oft geflogen", lachte Karl. Er schob etwas Heu beiseite. Im Boden kam eine Tür zum Vorschein.

„Ein Geheimversteck?", flüsterte Willi erstaunt.

Karl öffnete die Klappe.

„Unsere Vorräte werden dort unten gelagert. Da ist es auch im Sommer kühl", erklärte Martha.

„Huhu! Und dunkel", ergänzte Karl.

Lena und Willi schauten gespannt in die schwarze Grube. Eine kleine Leiter führte nach unten.

Karl kletterte hinunter. „Wer will eine Essiggurke?", rief er nach oben.

Aber noch bevor er den Proviant nach oben reichen konnte, zog Willi die Leiter hoch. „Gefangen, gefangen!", lachte er.

„Du darfst erst wieder raus, wenn du ein Lied gesungen hast", kicherte Martha. Sie wusste, dass Karl es hasste zu singen. Noch mehr als Kartoffeln zu ernten.

„Singen! Singen!", riefen jetzt auch Willi und Lena.

Karl gab krächzend ein paar Töne von sich.

„Hör auf! Es reicht!" Willi hielt sich die Ohren zu. „Du wirst nicht zum Recall eingeladen. Aus der Traum vom Superstar."

„Recall?", wiederholte Martha verwundert. Das war wohl wieder so etwas Modernes. Allmählich wurde sie doch neugierig, was in der Zukunft alles möglich war.

„Ich hab's!", rief Lena plötzlich. „Wir sperren den Feuerteufel in die Grube. Wir schubsen ihn rein. So." Sie machte eine Handbewegung.

„Einen erwachsenen Mann? Einfach so?" Willi zog ungläubig die rechte Augenbraue hoch.

„Wir haben doch Wolf! Er gehorcht mir aufs Wort. Mit seiner Hilfe können wir es schaffen", verteidigte Lena ihre Idee.

„Das hört sich sehr gefährlich an", sagte Martha leise.

Karl nickte. „Das hört sich nicht nur so an, das ist gefährlich! Aber wir haben keine andere Wahl."

13. Kapitel:
Der Verdacht

Lena und Martha kuschelten sich nebeneinander in ihre Decken. Das Heu pikste ein bisschen durch den Stoff.

„Ich freue mich, dass ihr da seid", flüsterte Martha, die genau wie Karl einfach glücklich über ihre neuen Freunde war. Wen interessierte schon, wie sie zu ihnen gekommen waren?

„Und ich freue mich, dass wir hier sind." Lena kuschelte sich noch dichter an Martha heran.

„Das ist jetzt schon die zweite Nacht, die wir im Heuschuppen Wache halten. Und nichts passiert." Karl gähnte. „Wenn er heute nicht kommt und seinen blöden roten Lappen mit dem Hufeisen bringt, dann …"

Willi krabbelte jetzt auch unter seine Decke. „Wir dürfen auf keinen Fall einschlafen. Einer muss immer wach bleiben. Sonst verpassen wir den Feuerteufel noch. Wenn er wieder zwei Tage vor dem Brand das Zeichen anbringt, müsste er eigentlich heute Nacht kommen."

Doch ein Mitglied der Vier-Flügel-Bande nach dem anderen schlummerte ein. Sie schliefen tief und fest bis zum nächsten Morgen.

„Aufwachen!" Lena sprang unter ihrer Decke hervor. „Wir haben alle geschlafen. Verdammt!"

Blitzschnell waren die anderen hellwach.

Sie sahen sich im Heuschuppen um. Alles war so wie sonst.

„Er ist wieder nicht da gewesen", raunte Willi.

„Vielleicht hat die Polizei ja doch recht und wir haben wirklich nur eine blühende Fantasie", zweifelte Martha.

Doch dann hörten sie ein Geräusch an der Tür: Klack! Klack! Klack!

Die Kinder zuckten zusammen.

„Was war das?", flüsterte Martha entsetzt.

Die Tür bewegte sich. Sie ging ein kleines Stück auf. Dann fiel sie wieder zu.

Die Kinder warteten starr vor Angst. Würde der Feuerteufel in den Schuppen kommen?

Immer wieder bewegte sich die Tür langsam auf und zu. Klack! Klack! Klack!

Lena nahm all ihren Mut zusammen. Sie ging zur Tür und spähte vorsichtig hinaus. An der Schuppentür hing etwas – tatsächlich: roter Samtstoff und ein Hufeisen! Durch den Wind schlug es immer wieder gegen die Tür.

„Von wegen blühende Fantasie", staunte Lena. „Wir liegen völlig richtig mit unserer Vermutung."

„Das Hufeisen", sagte Martha.

Stumm betrachteten es alle.

„Verflixt! Wir haben niemanden gesehen. Wer ist bloß der Feuerteufel?", fragte Karl in die Stille hinein. „Und wer ist die Person, die das Hufeisen in der Nacht beim Schmied aus der Zinkwanne geholt hat?"

„Gibt es *einen* Feuerteufel oder vielleicht sogar zwei?", überlegte Martha.

„Seht mal, was ich entdeckt habe!", rief Willi. Er kniete am Boden. „Hier sind Spuren."

Im weichen Boden erkannten die Kinder Fußabdrücke.

„Mindestens Schuhgröße fünfundvierzig", vermutete Lena.

Karl beugte sich tief über den Abdruck. „Das Profil sieht sehr unregelmäßig aus. Zumindest das vom rechten Fußabdruck."

Die Vier-Flügel-Bande starrte auf den Boden.

„Ich glaub es nicht!", schrie Lena plötzlich so laut, dass auch Wolf sich erschreckte und kurz knurrte. „Ich glaub es nicht!", wiederholte sie. „Könnt ihr euch noch an den letzten Schultag erinnern?"

Die anderen sahen sie verständnislos an.

14. Kapitel:
Meisterdetektive
und Meisterdiebe

Die vier Detektive betrachteten die Fußabdrücke.

„Könnt ihr euch denn nicht mehr an meine miss-glückte Rache erinnern?", fragte Lena ungeduldig.

„Die Stiefel? Du glaubst doch nicht etwa ...", entfuhr es Martha.

„Doch, das glaube ich", sagte Lena bestimmt.

„Du meinst ...?" Karl musste schlucken. „Da schwimmt doch der Frosch durch die Pfütze. Du meinst, dass Schulze ...?"

„Zumindest habe ich in seine rechte Stiefelsohle Ker-ben geschnitten. Unregelmäßig. Dieser Fußabdruck zeigt auch ein unregelmäßiges Profil."

„Hm. Das lenkt den Verdacht tatsächlich auf Schulze. Als das Feuer auf dem Freverthof ausbrach, war Schulze auch nicht in der Schule. Erinnerst du dich noch, Karl? Er hat uns beim Sportunterricht einfach allein gelassen. Mensch, dem Schulze würde ich so etwas auch wirklich zutrauen. – Aber wir brauchen Beweise", sagte Willi. „Die Polizei wird uns sonst wieder nicht glauben. Wir müssen Schulzes Stiefelsohle mit dem Abdruck hier vergleichen."

„Wenn ich doch bloß mein Handy dabeihätte. Dann könnte ich die Spur fotografieren!" Lena zuckte mit den Schultern.

„Ich kann sie abzeichnen", sagte Martha. „Im Zeichnen bin ich die Beste in der Schule." Dann rannte sie ins Haus. Mit Stift und Papier kam sie zurück. Fein säuberlich und mit jeder kleinen Unebenheit übertrug sie die Fußspur aufs Papier. „Hier!" Stolz hielt sie das Beweisstück in die Luft.

„Und jetzt?", fragte Lena.

„Jetzt brauchen wir nur noch Schulzes Stiefel", meinte Karl.

Lena zog die Augenbrauen hoch. „Na super. Nichts leichter als das. Wir gehen einfach hin, klopfen an und sagen ihm, dass er uns seine Stiefel ausleihen soll, damit wir ihn hinter Gitter bringen können. Das macht er bestimmt gerne."

„Wir müssen sie klauen", sagte Karl überzeugt.

„Aber wir sind doch keine Diebe", entrüstete sich Martha.

Trotz Marthas Bedenken wollte die Vier-Flügel-Bande ihren Plan noch am gleichen Abend in die Tat umsetzen. Schließlich ging es darum, einen Brandstifter zu überführen! Voller Ungeduld warteten sie bis zur Dämmerung. Dann schlichen sie sich mit Wolf vom Hof. Aber je näher sie dem Dorf kamen, desto mulmiger wurde ihnen.

„Wo wohnt Schulze denn?", fragte Lena.

„Sein Haus steht direkt neben der Kirche", erklärte Karl. „Aber man kann es kaum sehen, weil es von einer riesigen Dornenhecke umschlossen ist."

„Wie bei Dornröschen", sagte Willi.

„Ja, nur dass drinnen keine Prinzessin auf dich wartet, die du wach küssen kannst." Karl zwinkerte Willi verschmitzt zu.

Willi verzog das Gesicht.

„Da ist sein Haus." Martha deutete auf eine breite Rosenhecke.

„Er wohnt allein", sagte Karl und schlich die Hecke entlang, um eine Lücke zu finden.

„Da kommen wir niemals durch", sagte Lena. „Können wir nicht durch die Gartentür gehen?"

„Na klar, wir können auch gleich anklopfen", flüsterte Willi.

Endlich hatte Karl eine Stelle in der Hecke gefunden, die etwas weniger zugewachsen war. „Kommt, hier können wir durch!" Er winkte seine Freunde heran.

Die Kinder quetschten sich durch die Rosensträucher.

„Aua, ich blute!", maulte Lena.

Schließlich schafften es alle auf Schulzes Grundstück. Sie schlichen sich an ein Fenster und spähten in das hell erleuchtete Wohnzimmer. Überall brannten Kerzen: auf dem Tisch, auf dem Regal, sogar auf dem Schrank. Aber von Schulze war nichts zu sehen.

„Wenn der uns erwischt, sind wir dran", stellte Martha mit zitternder Stimme fest.

„Ich hab für alle Fälle meine Holzplatte wieder in der Hose", grinste Karl.

Plötzlich öffnete sich mit einem lauten Knarren die Haustür. Die Kinder sprangen hinter die Regentonne. Lehrer Schulze kam mit einem kleinen Körbchen in der Hand heraus. Behäbig schlurfte er den schmalen Weg durch den Garten bis zu einem kleinen Schuppen.

„Er hat die Stiefel an", flüsterte Martha.

Lehrer Schulze bückte sich und holte hinter einem großen Stein einen Schlüssel hervor. Damit öffnete er den Schuppen. Im gleichen Moment fing ein ganzer Chor Hühner an zu gackern.

Wolf, der die ganze Zeit geräuschlos neben Lena gesessen hatte, wurde unruhig.

„Sei still, Wolf", beruhigte ihn Lena. „Die Hühner sind nichts für dich." Sie kraulte ihm das Fell.

Nach einer Weile kam Lehrer Schulze wieder aus dem Hühnerstall. Er verschloss die Tür und versteckte den Schlüssel hinter dem Stein. Mit seinem Körbchen voller Eier verschwand er im Haus.

Karl schlich leise auf die Haustür zu, dicht gefolgt von Lena. Durch die Scheibe guckten beide in den Hausflur.

„Da!", flüsterte Karl. „Da stehen sie!" Er zeigte auf das Stiefelpaar.

„Wie sollen wir denn da bitte drankommen?", stöhnte Lena.

Es war zwecklos. Die Stiefel standen im Haus und die Haustür war verschlossen.

Enttäuscht saßen die vier Kinder eine ganze Weile schweigend hinter der Regentonne, bis Karl sich räusperte. „Wenn meine Stiefel richtig dreckig sind, ich meine so *richtig* dreckig, so dreckig, dass ein Zentner Kuhkacke dranhängt, so schlimm, dass der Schlamm wie grünlich-brauner, breiiger, stinkiger Durchfall am Schaft herunterläuft …"

„Iiih! Hör auf damit, Karl. Sonst krieg ich auch gleich Durchfall", wies Lena ihn zurecht und schüttelte angewidert den Kopf.

„Ich versuche nur, den Fall zu lösen", fuhr Karl fort. „Also, was ich sagen wollte: Ich darf meine dreckigen Stiefel nicht mit ins Haus nehmen."

„Ja, aber Schulzes Stiefel sind doch gar nicht dreckig", meinte Willi.

„Dann müssen sie eben dreckig werden!", stellte Martha fest, die bereits ahnte, was ihr Bruder vorhatte. „So *richtig* dreckig."

„Ich möchte euch darauf aufmerksam machen, dass die Stiefel *im Haus* stehen und wir *draußen* sind. Wie sollen wir die denn dreckig machen?", fragte Willi.

Karl erklärte den anderen seinen Plan und schnappte sich den Eimer, der neben der Regentonne stand. Damit begann er, das Wasser aus der Tonne herauszuschöpfen. Er reichte ihn an Willi weiter und der brachte den Eimer vorsichtig zum Hühnerstall.

Dort warteten Lena und Martha. Sie hatten aus den Blumenbeeten Erde herangeschleppt und vor dem Eingang zum Stall verteilt. Willi goss einige Eimer Wasser darüber. Dann holten sie den Schlüssel für den Hühnerstall hervor.

Lena hielt Wolf am Halsband fest und öffnete die Tür. „Jetzt darfst du sie erschrecken", flüsterte sie ihm ins Ohr. „Ausnahmsweise!"

Wolf knurrte und winselte. Lena konnte ihn kaum halten. Die Hühner gackerten und flatterten aufgeregt durcheinander, als sie den Hund am Eingang sahen. Das machte Wolf nur noch wilder.

Der Hahn krähte laut.

„Das reicht", beendete Karl das Spektakel.

Lena war froh, denn die Hühner taten ihr leid. „Das musste sein", entschuldigte sie sich. Sie zerrte Wolf aus dem Schuppen. Dabei wäre sie fast im Matsch ausgerutscht.

Willi brachte den Schlüssel wieder zurück an seinen Platz.

„Er kommt", flüsterte Martha.

Die Vier-Flügel-Bande versteckte sich blitzschnell hinter der Tonne. Lena sprach leise mit Wolf, um ihn zu beruhigen.

Entrüstet über den Lärm stapfte Lehrer Schulze zum Hühnerstall. Er hatte seine Stiefel an. „Was schreit ihr denn so, ihr blöden Viecher?", nuschelte er. Aber noch bevor er die Tür öffnen konnte, stand er mitten im Schlamm. „Mist!", schrie er. „Wo kommt das denn her?" Er schaute in den Himmel und streckte seine Hand aus, um zu testen, ob es regnete.

Dann schaute er in den Stall. „Haltet bloß eure Schnäbel, sonst gibt es morgen Hühnersuppe!", rief er verärgert.

Vor der Haustür sah er sich missmutig seine Stiefel an. Er zog sie aus und stellte sie neben den Eingang. Dann verschwand er im Haus. „Die mache ich morgen sauber", grummelte er vor sich hin.

In Windeseile schnappten sich die Kinder die Stiefel und rannten nach Hause. Ihr Plan hatte geklappt!

„Da spuckt doch die Heuschrecke auf die Kohlwurst." Karl klopfte sich stolz auf die Schulter. „Wir sind nicht nur Meisterdetektive, sondern auch Meisterdiebe."

Lena säuberte die Stiefelsohle und Martha holte ihre Zeichnung hervor. Alle vier verglichen sie mit der Sohle des Stiefels. Es war eindeutig: Das Profil stimmte haargenau mit der Zeichnung überein. Jetzt hatten sie den Beweis.

15. Kapitel:
Das Motiv

„Ihr glaubt also, dass Lehrer Schulze der Feuerteufel ist?", staunte Frau Brinkmeier, als die Kinder den Eltern am nächsten Morgen von ihrem Verdacht und ihrer Entdeckung erzählten. Bei dieser eindeutigen Beweislage mussten die Erwachsenen ihnen einfach glauben, hoffte die Vier-Flügel-Bande.

In der einen Hand hielt Frau Brinkmeier Marthas Zeichnung, in der anderen den Stiefel. Aufmerksam verglich sie die Beweisstücke.

„Das ist ein schwerwiegender Verdacht", sagte Herr Brinkmeier. Er zog seine Augenbrauen hoch und fragte: „Hat der Schmied eurer Meinung nach nichts mit den Verbrechen zu tun?"

Die Kinder sahen sich an.

Dann ergriff Lena das Wort: „Habt ihr gesehen, wie der Schmied mit Pferden umgeht?" Sie spielte auf den Aufruhr vor der Schmiede an. „Er liebt Tiere. Er war so behutsam mit dem Pferd, als es nervös hin und her sprang. Kann so ein Mensch Tiere töten?" Alle erinnerten sich an die verbrannte Kuh beim ersten Brand auf dem Meierhof und an die Schafe im brennenden Stall auf dem Freverthof.

„Alle sind gegen ihn", sagte Karl aufgebracht. „Aber wir glauben, dass er unschuldig ist."

„Überlasst das der Polizei, die wird den Fall bestimmt aufklären", beruhigte Herr Brinkmeier die Kinder, aber seine Stimme klang nachdenklich.

„Die glauben uns nicht", stellte Karl fest und ging enttäuscht nach draußen. Martha, Lena und Willi folgten ihm.

Etwas später standen die Kinder vor dem offenen Tor der Schmiede. Sie wollten mit dem Schmied reden. Wenn er unschuldig war, konnte er ihnen vielleicht helfen.

„Kann ich nicht draußen warten?", fragte Martha.

„Wir gehen da jetzt gemeinsam rein." Lena hakte Martha ein und zog sie in den dunklen Raum.

„Hier ist keiner", stellte Willi fest.

Plötzlich stand der Schmied hinter ihnen. „Was wollt ihr hier?", schimpfte er. Sein Gesicht war feuerrot. Die Brandnarbe sah aus der Nähe noch schrecklicher aus. „Wollt ihr wieder mit Steinen werfen?"

„Das waren wir nicht", verteidigte sich Lena. „Wir wollen mit Ihnen reden."

„Aber ich nicht mit euch." Der Schmied nahm einen schweren Hammer und ging zum Feuer. Dann schlug er damit immer wieder auf ein glühendes Hufeisen ein. Funken spritzten.

„Wir glauben *nicht*, dass Sie der Feuerteufel sind", sagte Karl endlich.

Da blickte der Schmied auf. Er sah die Kinder an. Erst Karl, dann Willi, dann Lena, dann Martha. Sein Gesicht hellte sich etwas auf. „Soso, dann sind wir ja schon fünf."

Die Kinder nahmen all ihren Mut zusammen und erzählten, was sie herausgefunden hatten. Der Schmied hörte nachdenklich zu. Dann atmete er einmal tief ein und aus, als hätte jemand einen schweren Stein von seiner Brust genommen.

„Ich habe nicht mehr geglaubt, dass mir jemals wieder Menschen vertrauen würden", sagte er erleichtert. „Ihr seid kluge Kinder und ich schwöre euch, ich habe tatsächlich nichts mit den Bränden zu tun." Dabei legte er die rechte Hand auf sein Herz.

„Wir wissen nur nicht, warum Lehrer Schulze so etwas tut. Welches Motiv hat er?", fragte Willi.

Der Schmied überlegte einen Moment. Dann sagte er: „Ich habe eine Vermutung. Noch nie habe ich darüber gesprochen, aber euch will ich es erzählen. Es ist eine wahre Geschichte. Sie ereignete sich vor dreißig Jahren hier im Dorf. Damals kam ein neuer, junger Lehrer zu uns. Er hieß Schulze und war sehr streng."

„Kann ich mir vorstellen", warf Lena ein.

Der Schmied setzte sich auf eine Holzbank und fuhr mit seiner Geschichte fort: „Schulze verliebte sich in eine hübsche junge Frau. Sie hieß Klara. Beim Dorffest wollte er mit ihr tanzen. Er zog seinen feinsten Anzug an und ging zum Fest. Doch dann spielten ihm drei seiner Schüler einen Streich. Die Jungs hatten über dem Eingangstor zum Tanzsaal einen Eimer aufgehängt. Diesen Eimer hatten sie zuvor mit allerlei Unrat gefüllt: Schlamm, Mist, Eierschalen, Spinnen, sogar mit Blut und einer toten Ratte. Der Eimer war mit einem Seil an einem Haken befestigt. Als Lehrer Schulze unter dem Tor stand und den Saal betreten wollte, zogen die drei Burschen an dem Seil. Der Eimer kippte um und die ganze Schweinerei fiel auf ihn herunter."

„Guter Streich", lachte Karl, „hätte von mir sein können."

„Die Leute auf dem Fest haben auch gelacht", erklärte der Schmied. „Alle haben gelacht. Am meisten Klara. In ihrem roten Samtkleid stand sie mitten auf der Tanzfläche

und lachte. Sie konnte gar nicht mehr aufhören. Als Schulze das sah, stampfte er mit dem Fuß auf. Er sah die drei Jungs an und schrie: ‚Das werdet ihr noch bereuen!' Dann verschwand er. Klara hat schließlich den ganzen Abend mit dem Bürgermeister getanzt. Später hat sie ihn geheiratet."

„Aber was hat das alles mit unserem Fall zu tun?", fragte Willi.

„Das kann ich euch sagen. Die drei Jungs hießen Hans, Otto und Paul. Nach dreißig Jahren sind es natürlich keine Jungen mehr, sondern erwachsene Männer. Hans ist jetzt der Bauer vom Freverthof, Otto ist der Bauer vom Meierhof und Paul …"

„… ist unser Vater!", rief Martha und schaute Karl erschrocken an.

„Schulze will sich nach so vielen Jahren endlich an den drei Übeltätern rächen. Darum hat er die Feuer gelegt", stellte Karl fest.

„So wie ihm die drei Jungs das Fest verdorben haben, will er ihnen jetzt ihre Feste verderben", kombinierte Willi.

„Aber der Streich war doch gar nicht so schlimm", wendete Martha ein.

„Ja, aber Schulze hat die Geschichte nie verkraftet. Immerhin hat er dadurch seine große Liebe verloren. Das glaubt er zumindest", sagte der Schmied.

„Eines verstehe ich aber immer noch nicht", überlegte Karl. „Warum hängt er denn den roten Samtstoff mit dem Hufeisen an die Türen?"

„Das ist doch klar", meinte Lena. „Der rote Stoff erinnert an das rote Kleid von Klara."

„Und mit dem Hufeisen will er den Verdacht auf mich lenken", fügte der Schmied hinzu.

„Aber was haben Sie denn mit der ganzen Geschichte zu tun?", fragte Martha.

„Nun", antwortete der Schmied, „der Streich war noch nicht beendet. Ich hatte an dem Abend still und heimlich alles beobachtet und habe am nächsten Sonntagmorgen, als noch alle schliefen, ein Bild davon an die Kirchentür gemalt. Ich bin zwar kein guter Maler, aber die Zeichnung meines blut- und schlammverschmierten Lehrers Schulze mit einer toten Ratte auf dem Kopf haben beim Kirchgang gleich alle wiedererkannt. Es war ein Skandal. Spätestens beim Gottesdienst kannten auch die restlichen Dorfbewohner die Geschichte vom Dorffest. Schulze hat irgendwie herausbekommen, dass ich der Übeltäter war. Danach hat er mir das Leben zur Hölle gemacht. In der Schule hatte ich es sehr schwer bei ihm. Und jetzt …"

Der Schmied stand auf, ging zur Feuerstelle und schaute traurig in die Glut. Mit seiner großen, rußigen Hand wischte er sich durchs Gesicht. Martha glaubte, eine Träne zu erkennen. Die Kinder schwiegen.

„Es ist schon so lange her", fuhr der Schmied fort. „Ein Jungenstreich. Aber Schulze kann es nicht vergessen und will sich an uns allen rächen. Und am meisten an mir." Dann wandte er sich wieder den Kindern zu und fragte: „Was habt ihr jetzt vor?"

Karl räusperte sich. „Morgen ist das Erntefest bei uns", erklärte er. „Heute Nacht wird Schulze wieder zuschlagen. Weil uns keiner glaubt, müssen wir ihn allein überführen. Wir brauchen aber Ihre Hilfe."

Der Schmied überlegte einen Moment. „Ich würde euch gerne helfen. Aber was kann ich tun? Auf gar keinen Fall kann ich zu euch auf den Hof kommen. Wenn ich auf einem fremden Grundstück erwischt werde, bin ich dran. Es glauben doch sowieso alle, dass ich der Feuerteufel bin." Er überlegte kurz. „Aber ich werde zur Polizei gehen und ihnen meine Geschichte erzählen. Ich bezweifle zwar, dass sie mir glauben, aber ich werde es versuchen."

Die Kinder nickten. Sie waren froh, dass sie endlich einen Verbündeten gefunden hatten.

16. Kapitel:
Der Plan

Der Hof war blitzblank gefegt. Wohnhaus, Kuhstall und Heuschuppen waren mit frischen Birkenzweigen geschmückt. Über dem Tor zur Diele hing ein Kranz aus geflochtenen Ähren. Mitten in der großen Diele stand ein riesiger Tisch. Darauf baute Frau Brinkmeier gerade Früchte, Gemüse, Maiskolben und Brot auf. Herr Brinkmeier brachte noch eine Karre mit Kartoffeln.

„Wollt ihr heute Nacht wieder im Heuschuppen schlafen?", fragte die Mutter.

Die Vier-Flügel-Bande saß auf der langen Dielenbank. Jeder hatte sich einen Apfel vom Erntetisch gemopst.

„Ja, ein letztes Mal", sagte Martha und schaute bedeutungsvoll zu Lena herüber.

„Euer Vater und ich gehen noch ins Dorf. Heute Abend findet beim Bürgermeister eine Versammlung statt. Es geht um den Feuerteufel. Es kann spät werden."

Martha erschrak und starrte ihre Mutter an. „Ihr könnt heute Abend nicht weggehen!" Hilfe suchend drehte sie sich zu den drei anderen um. „Vie-vielleicht passiert heute etwas Schreckliches", stotterte sie.

Die Mutter sah Martha liebevoll an. „Wir bleiben doch nicht die ganze Nacht weg", versuchte sie ihre Tochter zu beruhigen.

„Der Schulze ist gefährlich. Er ist ein Verbrecher. Wer weiß, wozu er fähig ist", mischte sich jetzt Willi ein.

„Wir werden den Schulze heute überführen", sagte Lena. „Stimmt doch, Willi, oder?" Sie schaute zu ihrem Bruder.

„Ja, wir glauben … Nein: Wir haben Beweise, dass Lehrer Schulze heute Abend hier ein Feuer legen wird", bestätigte Willi.

„Ich kann euch beruhigen", besänftigte Herr Brinkmeier die Kinder. „Lehrer Schulze wird heute Abend auch bei der Versammlung sein. Ich weiß es ganz bestimmt. Der Bürgermeister hat es mir gestern noch gesagt."

„Er wird nicht kommen", murmelte Karl. „Er wird *hier* sein."

„Nein, er wird bei der Versammlung sein", versicherte Frau Brinkmeier.

„Und wenn er nicht da ist?", entgegnete Lena.

„Nun, wenn er nicht da ist", Herr Brinkmeier zögerte einen Moment. „Wenn er nicht bei der Versammlung ist, kommen wir sofort zurück", versprach er.

„Das kann dann schon zu spät sein. Ihr müsst hierbleiben, bitte, bitte", flehte Martha.

Doch früh am Abend gingen die Eltern ins Dorf und die Kinder blieben allein zurück. Aufgeregt fingen sie an, Vorbereitungen zu treffen. Martha zeichnete und Lena schrieb die Aufgaben jedes einzelnen Bandenmitglieds in Stichworten unter die Bilder:

1. Luke vom Forratskeller wait öffnen und Leiter herausziehen (Willi)

2. Öffnung mit dünen Brettern und Heu verdecken, damit man Loch nicht sieht (Karl)

3. Wenn Feuerteufel in Heuschuppen kommt, angreifen und Feuerteufel zur verdeckten Öffnung jagen (Lena und Wolf)

4. Wenn Feuerteufel in Forratskeller gefallen ist, Luke schließen (Karl und Willi)

Feuerteufel gefangen!

„Und was machst du die ganze Zeit, Martha?", fragte Karl.

„Ich verstecke mich draußen hinter dem Pferdeanhänger und beobachte, ob auch alles klappt", erklärte Martha. „Und ich pfeife, wenn der Feuerteufel kommt. Dann wisst ihr Bescheid."

„Na, dann hast du ja die schwerste Aufgabe", meinte Willi anerkennend.

„Da strullt doch die Amsel ins Plumpsklo", sagte Karl.

Martha wurde rot, aber sie war froh, dass niemand eine andere, noch gefährlichere Aufgabe für sie hatte.

17. Kapitel:
Der Feuerteufel
schlägt wieder zu

Draußen war es bereits dunkel. Jedes der Kinder wartete auf seinem Platz: Martha saß unter dem Pferdeanhänger. Lena kauerte mit Wolf hinter einem riesigen Heuberg. Karl und Willi hatten sich in der dunkelsten Ecke des Schuppens versteckt.

Plötzlich hörte Martha Schritte. Sie kamen näher. Dann sah sie ihn. Vorsichtig schlich der Feuerteufel über den Hof. Martha konnte für einen kurzen Moment im Mondlicht sein Gesicht erkennen: Schulze!

Starr blickte er sich um. In der rechten Hand trug er einen Kanister mit Petroleum.

Martha bekam eine Gänsehaut. Sie wollte pfeifen. Sie musste pfeifen, um die anderen zu warnen! Sie spitzte ihre Lippen. Aber die zitterten so sehr, dass sie fast keinen Ton herausbrachte. Nur ein leises: „Ühh." Sie versuchte es wieder: „Ühh." Sie ballte ihre Fäuste: „Ühhh." Es klappte nicht, sooft sie es auch versuchte.

Schulze ging entschlossen auf den Heuschuppen zu. Vor der Tür blieb er kurz stehen. Dann öffnete er sie und verschwand im Inneren.

Lena, Karl und Willi bekamen einen Riesenschreck, als Schulze hereinkam. Er begann sofort, das Petroleum aus dem Kanister zu vergießen.

Wolf richtete sich auf. Sein Rücken krümmte sich und er fletschte die Zähne.

„Fass!", schrie Lena und ließ die Leine los.

Der Hund stürmte auf den Eindringling zu. Doch bevor er ihn fassen konnte, verhakte sich seine Leine an einem Bodenbrett, das etwas hervorstand. Je mehr er daran zerrte, desto mehr zog sich die Leine fest. Er konnte sich nicht befreien.

Lehrer Schulze starrte auf den Hund, dann auf Lena. „Du?!", schrie er.

Lena wollte weglaufen, aber ihre Beine versagten.

„Ich kann hier keinen Zeugen gebrauchen!", drohte Schulze.

In dem Moment kamen Karl und Willi hervor. Leichenblass blickten sie Schulze an. Dann ging alles Schlag auf Schlag: Schulze sprang in großen Schritten auf die Jungen zu. Dabei wäre er beinahe in die Öffnung zum Vorratskeller gestürzt. Aber er sah sie gerade noch rechtzeitig und machte einen großen Schritt zur Seite. Er packte Willi und Karl mit festem Griff an den

Armen, zerrte sie zur Öffnung und gab ihnen einen Stoß. Die Jungen stürzten hinab. Lena schrie laut auf. Dann gehorchten ihre Beine wieder und sie stürmte in Richtung Tür. Schulze lief hinter ihr her. Aber Lena war schneller. Sie rannte nach draußen. „Martha!", schrie sie. Aber Martha war nirgends zu sehen. Lena lief weiter, immer weiter. Schulze zögerte einen Augenblick. Sollte er Lena verfolgen? Doch dann entschied er sich dafür, den Rest des Petroleums zu verteilen. Seine Hände zitterten. Er musste sich beeilen. „Das ist das letzte Feuer", sagte er, stand auf und zog ein Zündholz aus seiner Manteltasche. Er versuchte, es an der Holztür zu entzünden, aber es brach ab. Er holte ein zweites hervor und diesmal klappte es. Schulze warf die kleine Flamme ins Heu. Im Nu entzündete sich das Petroleum. Innerhalb von Sekunden stand das Heu in Flammen. Dann rannte er nach draußen.

„Feuer!", flüsterte Karl entsetzt. „Wir müssen hier raus!" Er streckte seine Arme hoch und versuchte, die Öffnung zu erreichen. Aber er war nicht groß genug.

„Hilfe! Hilfe! Wir müssen hier raus!", schrie Willi panisch.

Draußen heulte Lena voller Verzweiflung: „Martha! Martha, wo bist du?"

„Ich bin hier", hörte sie eine Stimme. Lena richtete sich auf. Da sah sie Martha über den Hof rennen. Sie war nicht allein. Hinter ihr war eine große Gruppe von

Menschen zu sehen, die alle auf den Heuschuppen zukamen. Allen voran liefen Herr und Frau Brinkmeier. Sie hatten ihr Versprechen gehalten: Sie waren zurückgekommen, weil Schulze nicht bei der Versammlung aufgetaucht war.

„Da ist der Feuerteufel!", schrie Martha und zeigte auf eine Gestalt, die in Richtung Wald lief. Die Polizei und einige Männer rannten dem Täter hinterher.

Mit lautem Getöse ratterte eine Kutsche auf den Hof: die Feuerwehr!

„Willi und Karl!", rief Lena. „Sie sind noch da drinnen! Im Vorratskeller …" Mehr brachte sie nicht hervor.

Riesige Flammen schlugen aus dem Schuppen heraus. Die Feuerwehrleute begannen sofort, das Feuer zu löschen. Die Dorfbewohner halfen mit: Sie schleppten Eimer, Wannen und Milchkannen voll Wasser aus dem Brunnen heran.

Lena wollte in den Heuschuppen rennen, um Willi und Karl zu helfen. Aber ein Feuerwehrmann hielt sie fest. „Du kannst da nicht rein. Alles steht in Flammen. Wir können sie nicht mehr retten."

Aus den Augenwinkeln sah Lena einen großen Mann an sich vorbeirennen. Er lief auf die Tür des Heuschuppens zu. Ohne zu zögern, stürzte er sich in die Flammen.

„Der kommt da nie wieder raus!", entfuhr es einem Feuerwehrmann.

Die Menschen starrten entsetzt auf die Tür des Schuppens. Das Feuer züngelte aus den Fenstern und erste Flammen schlugen durch das Dach.

„Der kommt da nie wieder raus", wiederholte der Feuerwehrmann leise.

Aber Lena konnte durch all den Rauch den großen Mann erkennen, der sich aus dem Schuppen schleppte. Er war nicht allein. Auf den Armen trug er zwei Kinder: Willi und Karl! Sie husteten. Wolf rannte an ihnen vorbei ins Freie.

„Der Schmied!", staunte der Bürgermeister.

„Der Schmied!", bestätigte der Tischler.

„Es ist der Schmied!", rief auch der Pfarrer.

„Ja", sagte Martha leise. „Der Schmied hat Willi, Karl und Wolf gerettet!"

Überglücklich umarmte Lena ihren Bruder. Dann umarmte sie Wolf.

Auch Martha nahm ihren Bruder in den Arm und gab ihm einen dicken Kuss auf die Stirn.

„Wir wollen es mal nicht gleich übertreiben", hustete Karl.

Martha fing an zu lachen. „Glaub mal nicht, dass ich das jetzt jeden Tag mache."

Da mussten auch Lena, Willi und Karl lachen. Die vier lachten so sehr, dass ihnen die Tränen in die Augen schossen, Tränen der Erleichterung.

18. Kapitel

Danke

„Jetzt hätte ich gerne noch ein Glas Apfelsaft", grinste Karl. Dann richtete er sich in seinem Bett auf und schaute ins Nachbarbett.

Dort lag Willi und sagte: „Ich hätte gerne eine Birne. Aber bitte in dünnen Scheiben." Er steckte sich einen kurzen Stock in den Mund und zog daran wie an einer Zigarre.

„Hast du noch nicht genug Rauch eingeatmet?", lachte Martha.

Willi und Karl grinsten. Sich bedienen zu lassen, fanden sie toll.

„Die Jungs müssen sich ein bisschen von dem Schreck und dem Rauch erholen", hatte die Mutter gesagt. „Helft ihnen dabei!"

Und jetzt ging es schon den zweiten Tag lang so: „Ich habe Hunger!" – „Ich habe Durst!" – „Mir ist langweilig!" – „Könnt ihr bitte das Fenster öffnen?" – „Wer kann mir das Kopfkissen aufschütteln?"

Aber allmählich wurde es Martha und Lena wirklich zu bunt.

„Ihr müsst heute ohne uns zurechtkommen", eröffnete Lena den beiden Jungen. „Wir gehen heute Nachmittag ins Dorf zum Schwimmen."

Willi und Karl blickten den Mädchen neidisch nach. So ganz ohne Dienerinnen war es ihnen ziemlich langweilig.

„Genug erholt", beschloss Karl nach einiger Zeit. Die beiden sprangen auf und liefen den Mädchen hinterher. Als sie am Dorfteich ankamen, war keine Menschenseele zu sehen.

„Merkwürdig", wunderte sich Karl. „Um diese Zeit ist der Platz immer voller Kinder. Vor allem, wenn es so warm ist. Wo sind die denn? Und wo sind Lena und Martha?"

Plötzlich hörten sie lautes Lachen.

„Das kommt aus der Schmiede", staunte Willi. Sofort rannten sie hin.

Die Tür der Schmiede stand weit offen. Um den Schmied herum drängelten sich mindestens zwanzig Kinder. Auch Martha und Lena. Gespannt verfolgten die Jungen und Mädchen jeden Handgriff, den der große Mann am Feuer machte.

„Kommt rein, Willi und Karl!", rief der Schmied, als er die Jungen sah. „Ich erkläre gerade, wie man ein Hufeisen formt." Dann holte er mit einer großen Stange ein Stück Eisen aus dem Feuer und begann, es in Form zu schlagen.

Als er seine Arbeit beendet hatte, fragte ein Junge: „Dürfen wir morgen wiederkommen?"

„Natürlich", antwortete der Schmied. „Morgen zeige ich euch, wie ein Pferd beschlagen wird."

Die Dorfkinder verabschiedeten sich. Nur die Vier-Flügel-Bande blieb zurück.

„Puh, das waren aufregende Tage", entfuhr es Lena.

Martha nickte. „Aber zum Glück ist alles gut gegangen."

„Ja, dank eurer Spürnasen", lobte der Schmied.

„Lehrer Schulze sitzt hinter Gittern", stellte Lena zufrieden fest.

Karl grinste erleichtert. „Jetzt haben wir nie mehr Schule!"

„Quatsch", entgegnete Willi. „Nach den Ferien kommt bestimmt ein neuer Lehrer."

„Oder eine Lehrerin", fügte Martha hinzu und dachte dabei an Frau Schulze.

„Sie haben uns das Leben gerettet", sagte Willi plötzlich und sah den Schmied an. „Danke!" Karl nickte zustimmend mit dem Kopf.

Der Schmied ging auf die Kinder zu. Mit seinen gewaltigen Armen zog er alle vier auf einmal an sich und

drückte sie. Lange hielt er sie fest. Dann sagte er leise:
„Ich danke euch."

Erst als die Vier-Flügel-Bande sich verabschiedete, sahen sie beim Hinausgehen ein Schild, das über der Tür
hing. Es war ein Schild der Dorfbewohner. Darauf waren
zwei Wörter geschrieben: *Retter!* Und darunter: *Danke!*

19. Kapitel:
Abschied

Der Hof war bunt geschmückt. Nur der abgebrannte Heuschuppen erinnerte noch an die schlimmen Ereignisse. Aber heute wollten alle gemeinsam das Erntefest feiern. In Sonntagskleidung strömten die Nachbarn und Dorfbewohner zum Fest.

Willi, Karl und Martha saßen auf der Bank vor dem Kuhstall. Daneben hockten Lena und Wolf auf dem Boden.

Lena wurde auf einmal sehr nachdenklich. „Ob wir schon vermisst werden?", überlegte sie.

„Du meinst zu Hause?", fragte Willi.

In der Aufregung der letzten Tage hatte er fast vergessen, dass Lena und er nur zu Besuch waren, zu Besuch in einer anderen Zeit.

Plötzlich galoppierten zwei schwarze Pferde auf den Hof. Sie zogen eine große Kutsche hinter sich her.

„Hoo!", rief der Kutscher und zog mit aller Kraft an den Zügeln. Der Wagen kam mitten auf dem Hof zum Stehen.

Die Kinder erkannten den Schmied.

„Was ist das auf dem Anhänger?", wollte Martha wissen. Sie zeigte auf etwas Großes, das mit einer grünen Decke verhüllt war.

Die Vier-Flügel-Bande umringte neugierig die Kutsche. Jetzt kamen auch Marthas und Karls Eltern dazu. „Was bringen Sie uns denn da?", fragte die Mutter.

Der Schmied stieg auf den Anhänger und zog die grüne Decke mit einem Ruck zur Seite. Zum Vorschein kam ein Schrank. „Dies ist ein Geschenk von mir, weil

die vier an meine Unschuld geglaubt haben und den wahren Übeltäter überführt haben!", rief er nicht ohne Stolz.

Lena und Willi sahen sich an. „Das ist Madame Brickabracks Schrank", staunte Willi.

„Da kommt doch dem Ferkel die Galle hoch. Ist es *der* Schrank?", fragte Karl.

„Ja", sagte Lena. „Es ist der Brandschrank."

Schwarze Wolken zogen am Himmel auf. Von Weitem hörte man Donnergrollen und der Wind schüttelte Blätter vom großen Kastanienbaum.

„Ein Gewitter zieht auf!", rief der Schmied.

Schnell fanden sich starke Helfer, die den Schrank vom Anhänger unter das Dach beim Kuhstall schleppten. Die Menschen flüchteten sich ins Haus, nur die Vier-Flügel-Bande blieb zurück.

„Was nun?" Lena sah ihren Bruder mit ratlosem Blick an.

„Weißt du noch, was Madame Brickabrack gesagt hat?", erkundigte sich Willi. Doch bevor Lena etwas erwidern konnte, beantwortete er seine Frage selbst: „Sobald ihr den Brandschrank wieder seht, müsst ihr unverzüglich die Heimreise antreten." Er trat langsam auf den Schrank zu. „Es ist so weit", erklärte er. „Wir müssen nach Hause."

Martha wurde sehr traurig. „Sehen wir uns irgendwann wieder?"

„Ja!", riefen Lena und Willi gleichzeitig. „Wir versprechen, dass wir wiederkommen."

Dann ging Willi um den Schrank herum und schaute auf die Rückwand.

„Was steht da?", fragte Lena gespannt.

Willi las vor:

„Achtundachtzig Jahr – und noch fünf mal acht,
sehet, was die Kerze macht!
In den Schrank legt euch bereit,
verlasst nun die Vergangenheit.
Wenn die Flamme dann erlischt,
sich der Rauch mit Luft vermischt,
schließt die Augen und den Mund.
Zauberliches spürt zur Stund."

„Wir haben aber gar keine Kerze!", stellte Lena entsetzt fest.

Willi öffnete die Schranktüren. „Doch!" Er holte eine kleine schwarze Kerze aus dem Schrank, zündete sie an und gab sie Karl. „Es kann losgehen! Achtundachtzig Jahre, acht Monate, acht Tage, acht Stunden, acht Minuten und acht Sekunden zurück in die Zukunft!"

Martha kramte in ihrer Schürzentasche. Sie holte ein Blatt hervor. „Das Bild habe ich gemalt", sagte sie leise. „Vergesst uns nicht!"

„Wir werden euch nie vergessen", versicherte Lena. Dann nahm sie das Bild und überkreuzte ihre Arme: das Flügelzeichen. Die anderen drei taten es ihr gleich. So standen sie für einen kurzen Moment da.

Die Kerze brannte schnell herunter. Lena und Willi stiegen in den Schrank. Lena diesmal in die untere

Hälfte, Willi in die obere. Martha schloss die Türen. Es wurde stockdunkel.

Lena schaute durch den kleinen Spalt. Sie sah die Kerze. Nur noch ein kleiner Stummel brannte. Plötzlich färbte sich die Flamme gelb, dann grün, dann lila, dann blau. Dann erlosch sie. Rauch stieg auf. Viel Rauch.

Die Kinder hörten ein schrilles Pfeifen. Lena und Willi hielten sich die Ohren zu. Dann schlossen sie die Augen und pressten die Lippen aufeinander …

„’allo, meine Lieben", begrüßte Madame Brickabrack Lena und Willi, als sie aus dem Schrank kletterten. Ihr Gesicht, ihre Haare, ihr Kleid und ihre Schuhe hingen immer noch voller Spinnweben.

„Sie sehen ja noch genauso aus wie bei unserer Abreise", stellte Lena fest.

„Ihr wart ja auch nur acht Sekunden weg", erklärte Madame Brickabrack. Dann fragte sie die Kinder: „War das etwas Zauberlisches?" Sie lächelte.

Lena und Willi nickten. „Etwas sehr Zauberlisches!"